OKR管理法则

阿里巴巴、华为绩效管理实战技巧

王明 洪千武◎著

中信出版集团 | 北京

图书在版编目（CIP）数据

OKR管理法则：阿里巴巴、华为绩效管理实战技巧 / 王明，洪千武著. -- 北京：中信出版社，2020.7（2025.1重印）
ISBN 978-7-5217-1923-9

Ⅰ. ①O… Ⅱ. ①王… ②洪… Ⅲ. ①企业绩效—企业管理—研究 Ⅳ. ①F272.5

中国版本图书馆CIP数据核字（2020）第093119号

OKR管理法则——阿里巴巴、华为绩效管理实战技巧

著　　者：王明　洪千武
出版发行：中信出版集团股份有限公司
（北京市朝阳区东三环北路27号嘉铭中心　邮编　100020）
承 印 者：北京通州皇家印刷厂

开　　本：880mm × 1230mm　1/32　　印　　张：10.5　　字　　数：196千字
版　　次：2020年7月第1版　　印　　次：2025年1月第14次印刷
书　　号：ISBN 978-7-5217-1923-9
定　　价：59.00元

目　录

序　一

作为这本书的第一作者，我向大家简单介绍一下自己的经历。

王明，2003 年 9 月加入阿里巴巴，是阿里巴巴“中供系”[①]销售铁军较早的一批销售员，以及全国第一批的电话小组成员。2003 年 12 月，我被调至天津，后因业绩突出，又被调到阿里巴巴河北区域拓荒，组建第一个主管团队，用了两年的时间，使其销售业绩从 30 多万增长到 2007 年的 1 500 万。2009 年我被调至石家庄区域后，为了提高整个区域的业绩，我开始持续地招人、育人，在三个月的时间里，我让原来的 5 个团队增长至有 10 个主管的大团队。我将考核拜访量调整为严格要求每个人每天必见 8 个关键人，使团队突破历史新高，业绩翻番，同时培养出 9 名区域经理。2010 年，我晋升为阿里巴巴北方大区副总经理。

在阿里巴巴的激情岁月“燃烧”了将近 10 年，我不断拼搏，收获了很多，其间合作过很多项目，也兼任了不少岗位，结识了很多良师益友，生命中刻上了战场上拼搏过的经历。如今步入中

---

① 中供系：阿里巴巴中国供应商直销团队。

年，回想起来，我对阿里巴巴沦肌浃髓。我们的江湖、激情、签单的兴奋、被拒绝的沮丧、团队共同奋斗的泪水和欢笑……每一个刹那，都成为我生命中的永恒。

这些年，在熟悉阿里巴巴的人的眼里，“中供铁军”一直是一个神话，一个难以复制的奇迹。作为亲历者，我认为“中供铁军”之所以能创造出神话，是因为它具备了行之有效的管理体制和人人可以拿结果的主人翁精神。我更愿意把我们称为一群“努力到无能为力，拼搏到感动自己”的平凡人，而正是这些平凡人做出了非凡事。虽然时异势殊，曾经的奇迹或许不能完全复制，但如果我们能参透阿里巴巴打造“中供铁军”的方式和方法，它也可以帮助很多企业打造高绩效的团队。

2012 年 4 月，移动互联网兴起，我离开了挚爱的阿里巴巴。阿里巴巴的工作经历点燃了我更大的梦想，我更希望把在公司沉淀的经历分享出来，去帮助那些像阿里巴巴一样追求梦想、渴望成功的企业。

离开阿里巴巴后，我接触了很多企业，能够读懂这些企业的创始人和管理者对搭建团队的渴望，无论在业务经营上，还是团队管理上，他们都面临着非常大的挑战。当我在继续创业还是加入创业团队这两个选择中徘徊时，团车网 CEO（首席执行官）闻伟找到了我，他认可阿里巴巴的管理理念，因为信任，所以简单，哥俩一拍即合。2013 年 12 月 15 日我加了团车网，出任销售团队的负责人。我希望能够把在阿里巴巴所学到的经验都落地在团车网的铁军团队里。

于是，我开始深入思考一个问题：阿里巴巴“中供铁军”团队成员满腔热忱、闻鸡起舞背后的决定因素是什么？

2014 年，在机缘巧合下，我遇见了华为前海外代表、人力资源总监洪千武老师，洪老师温文尔雅，将他所从事的工作娓娓道来，充满感性和理性的思维，给我留下了深刻的印象。从那以后我们经常就阿里巴巴、华为在绩效管理和团队管理上面不同的做法进行交流。

在交流的过程中，我发现，我们身上有一个共同点：同为“80 后”的我们，都经历过 KPI（Key Performance Indicator，关键绩效指标）考核时代，即那个定了目标不达成就会被惩罚的时代。在谈及为了不被惩罚而采取的“小伎俩”时，我们不约而同地说道：在制定 KPI 时，我们会对自己的能力有所保留。比如，我们可以完成 100 万元的目标，但会和管理者说自己只能完成 60 万元的目标，最终经过讨价还价，把 KPI 调到 80 万元，达成管理者和自己的“双赢”。

所谓“下有对策，上有计策”，为了解决这个问题，阿里巴巴和华为把 OKR 目标与关键结果运用到了绩效管理之中。OKR 要求一定比例的目标必须是员工自下而上制定的，强调要快速应对业务变化，设定目标周期，强调目标要全员公开等等。这一系列的举措，都围绕着如何从人的需求的角度去激发员工的自主性，让员工愿意积极主动地做贡献。比如在团队设定目标时，我们要求这个目标是“跳一跳能够得着”的，也就是说员工如果能完成50万元的任务，我们会鼓励或要求他设定70万~80万元的目标，然后分解到每一天。这也就是说，OKR上升到了内在动机的层面，寄希望的是内驱力。

而后，我与洪老师就OKR在阿里巴巴和华为的运用情况进行了深入的交流，在我们以一个前阿里人、前华为人的视角透过现象看本质后，我们发现了现在企业对OKR的一些误解。

大约从2018年开始，有了关于阿里巴巴、华为放弃KPI实施OKR的风声，这造成很多创业企业、中小企业及互联网企业纷纷效仿阿里巴巴和华为实施OKR，它们似乎认为实施了OKR后，自己的企业就能像这两大巨头一样打造市值神话。然而，当理想照进现实时，结果却不尽人意——2019年，佐佳咨询针对中国企业实施OKR的情况进行了电话调查，结果表明：从实施OKR的过程中真正受益的企业只有约20%。有的企业在实施OKR后，非但绩效没有提高，反而起了反作用——引来员工抱怨无数，团队凝聚力急速下降。

为什么同样的“配方”，阿里巴巴和华为就能用得自如，而很多企业却用成了鸡肋？难道是OKR有问题吗？显然不是。这就好比给你一把最好的菜刀切菜，你把自己的手切到了，反而责怪菜刀太锋利。

也许是深受阿里巴巴的文化熏陶，我有一种想要帮助企业的使命感，从2015年起，我用沉淀下来的业余时间，深入研究了阿里巴巴关于 OKR 的内驱力和绩效管理。

在研究中，我发现很多企业学习 OKR 的热情可贵，方法却有问题。我归纳了一下，实施 OKR 不成功的企业大多有以下几类。

第一类：没有灵魂。很多企业的创始人、管理者天天嘴上说推行 OKR，内心却还是把它当作 KPI，粉饰了一副没有灵魂的 OKR。若想让 OKR 有灵魂，企业须从以前的只信自己、独断专行、垂直化管理，转变为相信团队、相信员工、扁平化管理。而做到这一点，最重要的就是创始人的自我转变，他们要从愿景、使命、目标等战略方向开始刷新认知。那些只靠 HRVP（人力资源副总裁）挂帅实施 OKR 的企业大多很难成功。

第二类：过度依靠 OKR。与第一类相反，很多企业事事依赖 OKR，以为运用 OKR 制度，企业的底盘就会像阿里巴巴、华为、谷歌一样飞速增长，却忽略了企业自身的特点和团队的基因，结果往往是缘木求鱼。只有在深刻理解企业愿景、使命、价值观的基础上实施 OKR，才能达到事半功倍的效果。

第三类：文化失调。准确地说，OKR 来源于硅谷，成长于硅谷，中国企业（特别是互联网企业）之所以接受和运用 OKR，原因在于这些企业的文化里大多有简单、开放的基因，比如阿里巴巴和华为。文化基因比较传统、古板的企业实施 OKR，必然会出现失调和冲突。

第四类：战略上懒惰。OKR 是一种战略落地工具，如果企业连战略都没搞清楚就盲目实施 OKR，这只会让它在错误的道路上越走越远。事实上，OKR 自带“战略反馈”的功能，它里面的定期沟通机制会及时将战略执行过程中出现的问题向企业高层进行反馈，当然，反馈是反馈了，这还取决于企业高层是否能够接受并及时优化战略。

基于这四类问题，我简单从一个前阿里人的外部视角来诠释 OKR 制度如何真正落地，并成为阿里巴巴的绩效管理工具。

在阿里巴巴，对 OKR 最深的执行在结果和目标上。这一点表现在我前面说到的要求设定的目标是能“跳一跳就够得着”的上。同时，当目标设定后，从顶层开始，通过上级的 KR [①] 是下级的 O[②] 的方式，层层分解公司层面的目标，下级再补充两个自己的 O，形成上下共识，横向看齐，纵向对焦，成为一个全面的OKR体系。难点是层层设定可挑战性目标。这就要求管理者能够鼓舞员工，带领团队“看见目标”。因为相信，所以看见，在很多时候，突破目标的关键就在于设定目标的人是否相信自己会完成目标。

在确定好 O 以后，KR 的核心点在于它一定要细化，当 O 被量化的时候，其实就是离目标最近的时候。我在阿里巴巴带团队的时候，曾经尝试过把一个月分成 8 个时间节点，每 3 天又为一个时间节点，设定短期目标，及时回顾，对最终达成目标做出贡

① KR：关键结果“KR”是 OKR 的一个重要组成部分，它是一种用于衡量目标达成情况的定量描述。

② O：目标“O”是 OKR 的一个重要组成部分，它是对驱动组织朝期望方向前进的目标的一种简洁定性描述。

献。OKR 给团队管理带来的最大收益就是它将目标真正聚在一起，让所有人聚焦在一件事上。

很多企业会把 KPI 和 OKR 进行对比，其实最好的绩效管理就是把两者结合，相辅相成，阿里巴巴和华为都是如此。因为 OKR 是“反人性”的。人性是什么？人性就是人类的本性——追求快乐，逃避痛苦，大多数人不愿意设定，也不想为自己设定有野心、有挑战的目标，他们觉得很累，也很难坚持。现实生活中有太多这样的例子，如戒烟、减肥、体育锻炼等，许多人半途而废，最终一事无成。这些都是人的惰性所造成的结果。

同时，要想用好 OKR，企业还要不断创新。对于阿里巴巴来说，不断创新是它实现存在 102 年愿望的重要路径之一。2019 年 6 月 18 日，朱顺炎接任了阿里健康的 CEO 一职，他的主要目标仍是进行业务创新。他坦言，让他真正感到兴奋的是每一次 OKR 的迭代。

阿里巴巴创业事业群内部采用的一直是 OKR+PDCA 的方式。OKR 是一套确定和跟踪目标及其完成情况的管理工具和方法。PDCA 则是一套对业务质量进行管理的方法，它要求在质量管理工作中，管理者把各项工作分为若干阶段：做出计划、计划实施、检查实施效果，然后将成功的纳入标准，不成功的留待下一循环去解决。阿里创新事业群创新投资负责人邓兆俊曾用唱鸭项目举例，O 设定在用户洞察和价值上，KR 就是让年轻人通过音乐工具创作出更好的作品。

这就是阿里巴巴在 OKR 上的运用、落地情况，当然，我的这些“拙见”也只是抛砖引玉，但如果你能把这些都参透并在自己的企业中进行实践，相信你也会拥有一支有理想、有活力、想干事的团队。我的理想是建立一个“OKR+KPI”的体系，帮助企业打通任督二脉，有效解决企业目标聚焦、绩效、薪酬、激励等问题，提升管理效率，激发出更大的创造力。同时让员工敢于追求有野心的目标，获得自我实现的最大需求。

心顺了，人活了，有目标，事就成了。

在此初心之下，便有了我和洪千武老师合著的这本《OKR 管理法则——阿里巴巴、华为绩效管理实战技巧》。在这本书里，我们写的是 OKR 的招式和章法，而这本书，就像是武功的内功心法，知行合一，道术兼修。做正确的事，正确地做事，才能把 OKR 运用得炉火纯青。祝你筚路蓝缕启山林，栉风沐雨砥砺行，加油。

王明

序　二

时过境迁，企业的命运会随着时代的变化而跌宕起伏，但华为似乎是一个例外。华为成立 33 年以来，在每一个浪尖谷底，它都能坦然地、踏实地走着自己的路，坚定不移地拥抱全球化，不做“门槛猴”。[①]

作为一个前华为人，一个华为人力资源管理部（现集团人力资源部）的老 HR，我先后参与了华为 IBM 和 HayGroup 人力资源项目组、巴基斯坦代表处的本地员工绩效管理和任职资格项目以及华为海外（拉美片区）HayGroup 的人岗匹配项目，最后成为代表处人力资源总监。丰富的人力资源职业经历，让我从不同的视角观察、体会、验证了华为绩效管理的真谛。

与王明老师不一样的是，我从华为出来后，选择了创业，为企业提供管理咨询服务。我主持过数十家企业人力资源管理项目和华为 TUP 股权激励落地项目，包含企业中长期激励 TUP 设计、战略性人力资源体系建设、职位职级 / 任职资格培训培养体系建

---

① “门槛猴”：来自任正非的讲话，形容那些在家里横行霸道，无法无天，但一旦踏出家门就胆小怕事、唯唯诺诺的人。

设，服务过华为、华润江中、特变电工、特步等企业。很荣幸，我的课程与咨询项目受到了客户认可，为客户创造了价值。于是我尝试将这些年的思考，特别是在华为的亲身实践和离开华为后从事管理咨询和创业的心得总结出来，以企业家的视角，回过头审视华为的绩效管理。

“不识庐山真面目，只缘身在此山中。”当我以企业家而非华为人的身份再来研究华为的绩效管理时，我有了新的思考。这些年，我经历并见证了不少流行的绩效管理模式，创业的这几年里，我也尝试把华为的一系列绩效管理方式用到我的企业里。OKR，是这些尝试之一。

在尝试实施 OKR 的过程中，我逐渐发现了很多问题，特别是认识王明老师及与他沟通后，我开始重新审视 OKR。我把 OKR 在华为的实践情况进行了梳理，企图找到一条通往 OKR 的高速通道。

事实上，华为在绩效管理上采用的工具一直是 KPI、PBC（个人绩效承诺书）等，其中涵盖了 Win 结果承诺，Execute 过程目标和 Teamwork 团队承诺，在对其进行了深度研究后，我认为华为 PBC 是融合了 KPI 和 OKR 的精髓，其中 Win 结果承诺是自上而下、由战略解码得到的部门和个人目标，也就是 KPI；Execute 过程目标就是部门和个人研讨出来支撑达成 Win 部分 KPI 的执行措施，这些执行措施汲取了 OKR 的精髓。

关于华为为何后来实施 OKR 管理，我分析主要有两个原因。

一是内部原因，在华为的员工反馈机制里，员工反馈问题最多的就是绩效管理，这是内部触动点。二是外部原因，由于新时代员工的涌进，许多企业开始废除绩效评级。2016 年 2 月，IBM（国际商业机器公司）公司也宣布废除绩效评级机制。华为的 A、B、C、D 四个绩效考核等级也根据时代变化，调整为 A、B+、B、C、D 五个等级，认定更多的人是优秀的 A、B+ 和 B。同时，考核周期也从季度考核调整为半年考核。

内部的反馈与外部的改变，使得华为的人力资源高层开始思变——华为的绩效管理是否也要有所改变。

我从 2005 年开始在华为工作，是华为绩效管理创新的见证者，同时也是亲历者。我负责把绩效管理的 PPT（演示文稿）和流程翻译成英文并在海外代表处培训与落地。早期的华为是靠客户驱动创新，2012 年后，单靠客户驱动已经无法让华为再向前发展。华为要做的是触动客户的隐性需求，找到创新点、开发新产品，引领市场。而 KPI 绩效考核并不利于这类创新。以研发团队来说，今年要朝哪几个方向创新，研发人员比管理层更清楚。

在华为，我们在使用 KPI 做绩效考核时，核心是达成目标，得到相应的回报，也就是我经常在我的《TUP 股权激励》课程里讲的价值定位、价值创造、价值评价和价值分配，这套价值链管理理论是有定位和方向的，员工按照既定方向全力创造价值，人力资源部对价值进行科学的评价，然后合理地分配价值。OKR 却不同，OKR 强调的是如何让员工自主工作，在过程中进行管理，而不是根据既定目标和完成率进行考核，它能更大地激发员工的主动性和创造性。

在传统的绩效管理中，团队目标是自上而下分解的，基层员工只需要执行目标，这不利于激发员工的内在动机。而 OKR 在制定目标时，是采用自下而上的方式，管理者和团队成员一起共同制定目标。

当然，虽然 OKR 在制定目标时，是由下而上的，但个人的目标要依循团队的目标。在华为内部，员工用 OKR 制定目标时，会参照团队及公司的目标来思考自己的目标，将自己的 OKR 录入公共的 OKR IT 平台上，邀请管理者对自己的 OKR 进行反馈，然后优化自己的 OKR。这样的方式很好地激发了员工的内在动机，也避免了“干活干得好，不如报告写得好”的误区。

华为在实践 OKR 时，与谷歌走的路径不同。华为是组织要求做十件事，员工可以自主选择，在满足组织需要的情况下发挥员工的自主性，避免组织失控。谷歌则是告知团队今年要完成几件事，由员工自己提出目标。

很多人看到华为如今的成就，以为华为在实践 OKR 时也是水到渠成、一气呵成的。事实上，华为在推进 OKR 时也并非一帆风顺。其问题首先来自理念和认知。华为自 2008 年开始引进 KPI 绩效考核，并一直使用 KPI 至 2015 年。2008 年，华为只有 5 万 ~ 6 万员工，而到 2015 年，华为有约 17 万名员工，这意味着约 12 万名员工是在 KPI 的体系下成长起来的，包括我自己。所以如果实施 OKR，会不会对传统的考核方式造成冲击，而导致水土不服？

一直有危机意识的华为，开始在团队里对 OKR 进行论证，2016 年 5 月，部分团队在使用 OKR 后效果已经凸显——很多员工开始敢于制定有挑战性的目标。

华为之所以能成为一个伟大的企业，当然是有其伟大之处的。这其中之一，便是一个新事物一旦在实践中得到论证，就能够在内部得到快速传播。2016 年，OKR 在华为推进得非常快。到 2018 年 5 月，华为研发体系也开始推进 OKR。

那么，为什么华为能成功实践 OKR？我归纳了一下，大致有以下几点原因。

一是华为在推进 OKR 时，并没有采取强硬的行政指令，而是担任咨询的角色，给要推进 OKR 的部门提供全方位的服务。比如，OKR IT 系统就是华为为团队实践 OKR 提供的服务，该系统完全践行了 OKR 的 5 个固有特征：公开透明、敏捷开放、自下而上、评价解耦、社交互动。以 OKR 周报 / 月报为例，这些特征如实地反映在华为的 OKR IT 模板中，尤其在最新进展、同比上周、浏览量、访问者、评论者等栏目上。

二是在实践 OKR 时，企业文化和 OKR 做了平衡。OKR 强调激发员工的自主性，华为在实践 OKR 的过程中发现，以华为特有的文化基因，虽不能把整个华为的文化都强制改变成自我驱动，但可以寻求一个平衡点，让 OKR 顺利落地。比如，有一个团队在实践 OKR 时，他们制定了属于自己团队的 OKR 十大信条：始终思考我的目标对客户的价值；主动承担，为团队做更大的贡献；认定目标后坚定执行，发生变更及时知会周边成员；勇于挑战新领域；我的成长我做主……

三是华为把 OKR 也用进了人才招聘里。早期的华为在选拔人才上会优先选拔“一贫如洗，但胸怀天下的人”，这样的人虽然有奋斗基因，却不一定有自主性驱动。基于这个思考，华为后面几年招聘的员工和早年的员工在思维上有明显不同。

以上便是我对于华为成功实践 OKR 的一点拙见，希望对使用 OKR 的企业有所帮助。同时，我还要提醒管理者，OKR 虽然是绩效考核工具，但它不是一个独立的管理工具，它是一个系统，可以贯穿整个企业管理，上至战略，下至个人目标。所以，企业要想真正实施好 OKR，把它变成企业提高绩效的“利剑”，就需要打通“任督二脉”。

关于我写这本书的初衷，有如下两点。一是作为曾经在华为经历风雨的前华为人，我想把华为的每一次成功实践特别自豪地告诉大家，华为就在我们身边，鲜活而真实。二是正如茨威格在《人类群星闪耀时》一书中所说的：“一个人生命中最大的幸运，莫过于在他的人生中途，即在他年富力强的时候，发现了自己的使命。”而我现在正是年富力强的时候，我也发现了我的使命——帮助企业打造高绩效团队，从而提升企业的业绩，让企业少走一些弯路。

OKR 的终极目标是在当今竞争日益激烈的商业环境中，通过识别目标和关键结果并频繁刷新，让行动更加敏捷以适配环境需要，从而提升企业的经营业绩。本书可以帮助企业从对商业机遇的过度关注，回归到企业内部，从核心目标、关键结果等方面，修炼自己的“内功”。如果您能真正读懂这本书，也这样做了，相信无论是否处在风口期，自由翱翔的依然是您和您的企业。

最后，感谢将我引入华为人力资源部的领导和同事，我们互相搀扶、跌撞推进每一个绩效管理项目。正因为这份经历才让现在的我愿意在做好企业之余付出额外的精力，全力以赴为客户创造更大的价值。我想，这本身就是 OKR 的力量。

也感谢我服务过的企业，是你们让我把华为绩效管理的经验得以论证并运用于实战。比如，我把华为的经验带到了喜德盛公司，让它与中国制造的实践结合；我还把华为的经验带到了泸州天寿药业有限公司，用实践证明了华为绩效考核的思想、理念、原则与导向，是可以寻找到适合企业的绩效管理制度与流程、方案与工具的，最终让企业获得绩效提升，并找到基业长青的路径。

谨以此书献给我曾经一起奋斗的华为人、奋进中的企业管理实践者以及企业家朋友们。

以此为序。

洪千武

前言

毋庸置疑，绩效管理是任何企业都不容忽视的内部核心管理之一，自这一概念产生以来，企业对于绩效管理的创新摸索从未停止过。

在我过去和企业打交道的过程中，我曾亲眼看见了许多企业在绩效管理上出现的诸多问题。比如，绩效考核缺乏标准规范，导致结果难以保持公平公正；绩效评估结果与员工利益直接挂钩，导致员工不敢轻易挑战自己甚至丧失工作热情；绩效管理主观性太强，导致员工遭遇不公平待遇而挫伤感情……

那么，究竟有没有一种更好的绩效管理模式，能够帮助企业完美地规避这些问题呢？要回答这一问题，还是要隆重请出本书的主角，即颠覆了 KPI 的全新绩效管理 3.0 模式——OKR。

说到这里，可能许多读者已经按捺不住内心的好奇，想要进一步探究 OKR 究竟是何方神圣了。

简单来说，OKR 即目标与关键结果，它的英文全称是 Objectives and Key Results，主要由代表目标的 O 和代表关键结果的 KR 组成。其中，O 是对驱动组织朝期望方向前进的目标的一种简洁定性描述，它回答的是“我想实现什么”的问题；而 KR 是一种用于衡量目标达成情况的定量描述，它回答的是“如何实现目标 / 如何衡量目标是否完成”的问题。

对于许多人而言，OKR 或许是一个崭新的概念，但实际上，它并不是一个近期才出现的管理词汇。早在 20 世纪 70 年代，英特尔就已经开始推行 OKR 制度了。1999 年，深受 OKR 影响的约翰 · 杜尔（John Doerr）把 OKR 带给了他刚投资的成立还不到一年的谷歌，2013 年前后，它被正式引入中国，并逐渐被大众熟知。如今，包括阿里巴巴、华为、万科在内的许多大公司都纷纷将 OKR 作为自己绩效管理的新宠。

相对于强调目标自上而下进行分解，绩效强制分配比例和相对考评，以及将绩效得分结果直接用于考核结果的传统绩效管理模式而言，强调目标自下而上制定，让目标管理和评价管理各自为政，以及目标要公开透明和敏捷开放的 OKR 能够让员工享有更多的自主选择权，并成功卸掉背负在他们身上的沉重的考核包袱，OKR 对于团队效率的提高与员工工作成就感的提升无疑是大有裨益的。

与此同时，OKR 管理模式也是黏合企业与员工的一块胶带。OKR 管理模式中目标透明，有能力者居上，这能激发员工关于工作的幸福感与成就感。该模式是对既达目标者的福利奖励，也能提升员工的工作热情。

当然，OKR 管理模式的魅力远不止这些，如果企业引入 OKR

管理模式，还会获得以下收获。

一是提升员工间的协同能力。为了达成目标，团队成员之间会相互配合，相互帮助。

二是员工非常明确下一步应该怎么走。有了既定目标的指引，员工的一切工作也会向着目标前进，工作中的偏差与失误将会大幅减少，工作效率得到提升。

三是员工能够保持与整体计划进度的同步。全体员工目标一致，共同为实现某个目标而努力。

四是企业目标清晰、有定力，避免企业成员被竞争对手牵着鼻子走。

五是员工的思考方式变得更有条理，注意力更集中。

六是工作流程透明，避免了重复工作和低效工作。

七是增强企业对环境的适应能力。OKR 管理模式中，企业在每一个目标周期，都面临复盘和下一周期的目标制定，因此企业会密切关注市场环境的变化情况和员工的完成情况，从而具有超强的环境适应能力。

总之，OKR 的优势是显而易见的，也正是因为这样，它才收获了“颠覆 KPI 的绩效管理 3.0”的美誉。那么，作为一个相对较新的概念，OKR 又该如何导入呢？相信这也是许多绩效管理者非常关心的话题。

要回答这一问题，我们还是要回到本书的内容上来。作为一本实用的绩效管理书籍，本书立足于 OKR 本身，详细介绍了 OKR

的特点、优势、实操方法以及注意事项。阅读本书，相信你一定会对 OKR 这一绩效管理模式有更深入、更直观的了解。

总体来说，本书具有以下 3 个特点。

（1）结构脉络清晰，语言精练，叙述深入浅出。

（2）本书引入了一些图表，形式直观，读者看起来一目了然、印象深刻。

（3）本书不仅有高屋建瓴的理论框架，还有具体的案例做指导，帮助读者更好地了解 OKR 模型在不同情景下的运用，引导读者在阅读后能够即学即用，快速提升管理水平。

诚愿读者在阅读本书后，能够有所学，有所得，在管理知识储备和管理实践方面都能上升一个台阶。

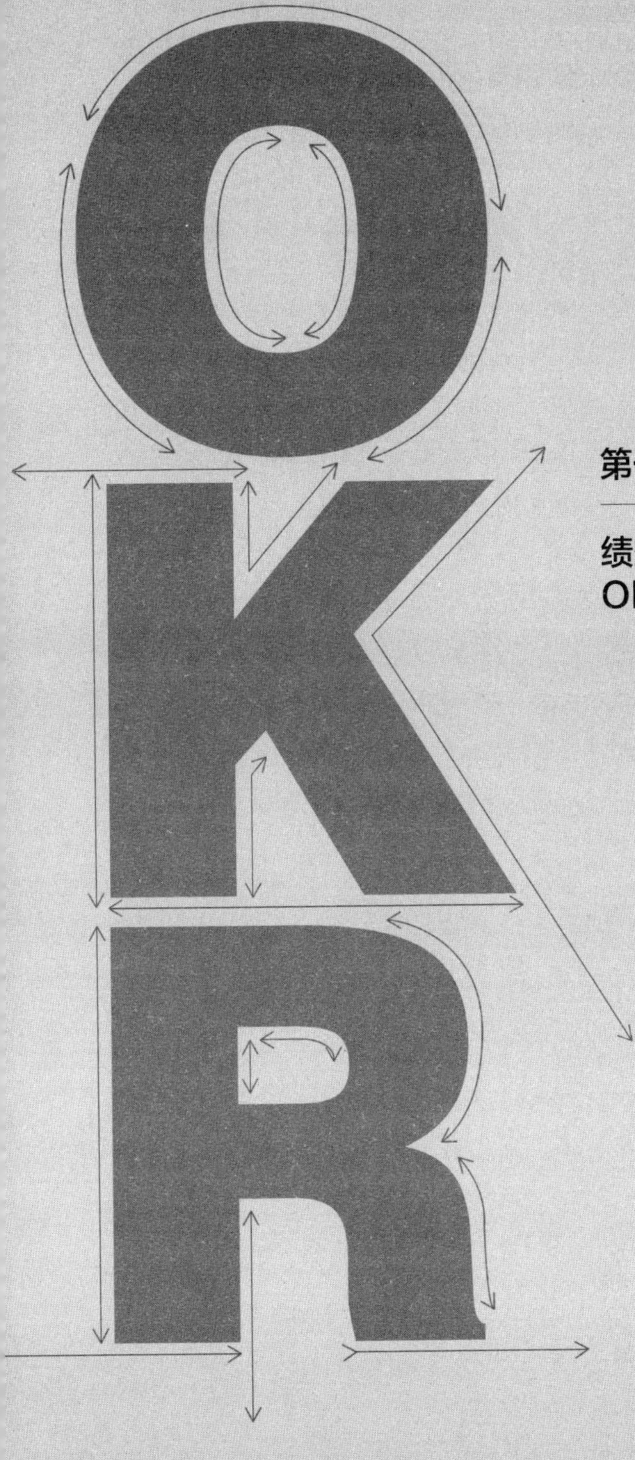

第一部分

绩效管理变革：OKR 或取代 KPI

第 1 章
绩效管理从 KPI 时代走向 OKR 时代

当 KPI 遇见 OKR

绩效管理是任何一家企业都绕不开的、最重要的内部核心管理之一，基于它的必要性和重要性，企业对于它的创新摸索也从未停止过。提到绩效管理，相信大多数人脑海中第一时间浮现的概念便是“KPI”。的确，作为一种关键绩效指标，KPI 是目前企业采用最多、最为普遍的绩效管理模式之一。

然而，随着时代的发展和企业绩效管理观念的不断更新，如今，KPI 这一绩效管理模式一家独大的局面大有土崩瓦解的趋势，一种新兴的绩效管理模式——OKR 正逐渐走进大众的视野，被越来越多的企业熟悉和接受。甚至，不少企业在尝试了 OKR 绩效管理模式后，还喊出了“OKR 将取代 KPI”的口号，一场关于绩效管理改革的大战似乎已经吹响了号角。

记得在《三国演义》中有一个经典桥段，周瑜临死前感慨地说道："既生瑜，何生亮！"而当 KPI 遇上 OKR，在这两种绩效管理模式中做选择的企业一定也很纠结："既生 KPI，何生 OKR！"虽然周瑜的感慨代表着一种无解的遗憾和不甘，但是企业的这种纠结则是有解的，而要找到这个"解"，我们还是要从 KPI 和 OKR 本身说起。

什么是 KPI

KPI 是目前企业采用最多的一种绩效管理方式，它是用于衡量员工工作成绩的关键绩效指标，其原理是通过对组织内部流程的输入端、输出端的关键参数进行设置、取样、计算和分析，来评估组织正在进行的流程或特定活动。

作为一种目标式的量化管理指标，KPI 最大的好处是可以把企业的战略目标分解为可操作的工作目标。通常，一个企业的 KPI 并不是单一的，而是应该根据企业不同部门的不同工作职责，制定不同的类型。换言之，企业的每个部门或团队都应该使用不同的 KPI 来衡量自身业绩的成功率。比如，销售部门应该有销售部门的 KPI，研发部门应该有研发部门的 KPI，行政部门也应该有行政部门的 KPI。

不过，不管是什么部门的 KPI，都应该拥有一个共同点，那就是这个 KPI 必须是科学合理的，能体现部门及部门员工的工作价值。比如，企业如果想要提升销售额，那么它制定的 KPI 就应该包括销售额和新客户的转化率；企业如果想要提升网络营销效果，那么它制定的 KPI 就应该相应地包括网络流量和访客转化率。总而言之，企业所制定的 KPI 一定要是一个能够衡量部门和部门员工业绩成功率的指标，它是员工工作的结果或衡量标准。

不可否认的是，KPI 在一定程度上对于提升员工工作效率确实非常有用，但凡事都有两面性，在现实的绩效管理中，KPI 也存在许多弊端，这些弊端主要表现在三个方面。

一是容易造成员工为了达到考核的业绩而设定更容易实现的目标，并放弃追求更高的目标。

二是容易让员工感觉企业制度冰冷，一切以目标为导向，而不把他们当有感情的人看待。

三是当员工的目标与企业的 KPI 并不一致的时候，那就好比让火车往错误的方向拼命行驶，结果可想而知。

这也就意味着，KPI 就是一把双刃剑，如何充分弱化这把双刃剑不利的一面而发挥出它有利的一面，以及如何做好 KPI 的目标分解，让企业的 KPI 始终保持一致，这些都是企业在使用 KPI 时需要认真思考的问题。

什么是 OKR

对于很多企业来说，OKR 或许是一个崭新的概念，但实际上，它并不是一个近期才出现的管理词汇。早在 20 世纪 70 年代，英特尔就已经开始推行 OKR 制度了。

1999 年，深受 OKR 影响的约翰 · 杜尔把 OKR 带给了他刚投资的成立还不到一年的谷歌，也正是因为这样，约翰 · 杜尔被人们冠以了“OKR 之父”的头衔。随后，甲骨文、领英、推特等公司纷纷开启了自己的 OKR 绩效管理之旅。2013 年前后，OKR 被引入了中国，并逐渐被大众熟悉。

那么，究竟什么是 OKR 呢？

OKR 的定义与特征

OKR，即目标与关键结果，它是关于目标管理的一种最佳实践。关于 OKR 的定义，目前普遍比较认可的是《OKR：源于英特尔和谷歌的目标管理利器》一书的作者本 · 拉莫尔特（Ben Lamorte）在其书中所进行的描述：OKR 是一套严密的思考框架和持续的纪律要求，旨在确保员工紧密协作，把精力聚焦在能促进组织成长的、可衡量的贡献上。

从这个定义中，我们可以总结出 OKR 的 6 个关键要素，如图 1–1 所示。

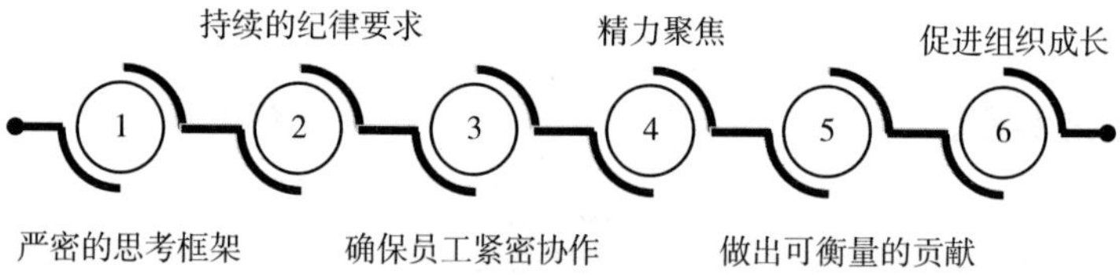

图 1–1　OKR 的 6 个关键要素

（1）严密的思考框架

OKR 强调在做一件事时，首先要明确目标，即找到做这件事的价值和意义，在此基础上再去思考和寻找达成这个目标的衡量方法，即关键结果。这样做的原因是避免员工从一开始就忽略工作的价值，而过分关注结果。

（2）持续的纪律要求

在制定开展周期的时候，OKR 并不是僵化地按照半年或者一年为周期去制定，而是强调要与业务的发展需求相匹配。此外，OKR 还十分强调在实施的过程中要不断地评估进展，直到达成 KR 的各项关键要求。

（3）确保员工紧密协作

强调过程的透明与公开是 OKR 的最大优势之一，也是其区别于传统绩效管理方式的特色之一。在传统绩效管理中，一般只有主管及主管以上级别的员工才可以看到其他人的目标，而 OKR 则是对全员可见，这在一定程度上能增加员工之间的了解和信任，也有利于员工之间的相互协作。

（4）精力聚焦

二八原理告诉我们，要把主要的精力集中在少数关键结果的达成上，所以我建议在 OKR 中，KR 的数量一般不超过 5 条。

（5）做出可衡量的贡献

在 OKR 中，定量的 KR 要能够精确地指出其对于目标 O 的达成究竟能起到怎样的促进作用，这也就意味着，对 KR 的描述一定要客观，而不能主观。

（6）促进组织成长

在前面，我们已经强调了在 OKR 中，KR 一定要能够精确指出对于目标 O 的促进作用。这也就意味着，“O”才是 OKR 真正的价值和意义所在，它必须能够促进组织的成长，对组织的发展做出一定的贡献。

O 与 KR 的逻辑关系

用 OKR 方法设定的目标，应该包含 O（目标）和 KR（关键结果）两部分。其中，“O”是对驱动组织朝期望方向前进的目标的一种简洁定性描述，它回答的是“我想实现什么”的问题；而“KR”是一种用于衡量目标达成情况的定量描述，它回答的是“如何实现目标 / 如何衡量目标是否完成”的问题。

说到这里，许多人可能还是会感觉十分抽象，下面，我们一起来通过某公司研发部门的 OKR 示例来感受一下什么是 OKR。

O：提高产品质量

KR1：半年内梳理并完善质量管理体系

KR2：季度性生产人员技能考核达到 90%

KR3：每年实现两项技术创新项目

上述案例就是一个用 OKR 设定目标的标准结构：O+KRs。需要注意的是，在实施 OKR 的过程中，目标和关键结果并不是随意确定的，而必须具有严谨的逻辑关系。这种逻辑关系主要有以下两种：

（1）关键结果是实现目标的策略或措施的度量

这种逻辑关系简单描述就是："我希望达到（目标），通过（关键结果）来实现。"比如在上面提到的案例中，"梳理并完善质量管理体系""季度性生产人员技能考核""实现 ×× 技术创新项目"就是"提高产品质量"的关键策略或措施，而"半年内""90%""每年实现两项"就是关键策略或实施的度量。

此时，目标与关键结果之间的关系就如同愿景与执行之间的关系。

（2）关键结果是衡量目标是否实现的关键指标

简单描述这种逻辑关系："我希望达到（目标），通过（关键结果）来衡量。"例如，某网站制定了这样一个 OKR。

O：让更多的人成为网站用户

KR1：2019 年新增用户 2 800 万

KR2：注册用户达到 1 亿

在这个案例中，关键结果“2019 年新增用户 2 800 万”和“注册用户达到 1 亿”就是衡量“让更多的人成为网站用户”这一目标是否实现的关键指标。如果能做到 2019 年新增用户 2 800 万且注册用户达到 1 亿，那么就说明“让更多的人成为网站用户”的目标实现了。

此时，目标与关键结果的关系，就如同蓝图与路径之间的关系。

此外，在实际的 OKR 实施过程中，有的企业为了更好地支持关键结果的达成，会再将 KR 细分成若干任务，即 Action（行动），如此一来，一个原本由 O 和 KR 共同构成的 OKR 两层结构就会被扩展成 O-KR-Action 三层结构，在这个三层结构中，O 和 KR 是必要的，Action 则是可以选择的，如图 1–2 所示。

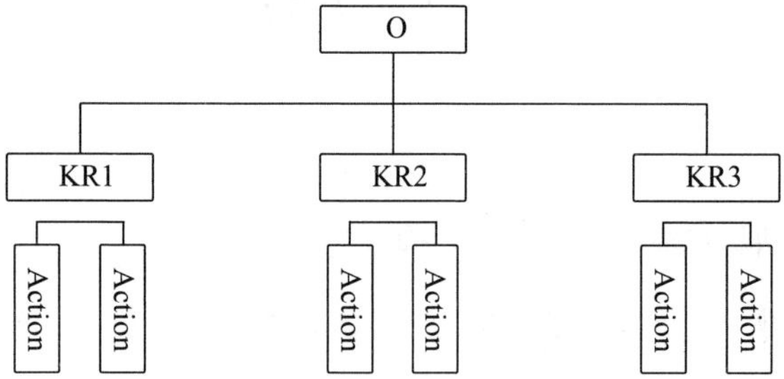

图 1–2　OKR 三层结构

总之，作为一种高阶的绩效管理模式，OKR 的独特之处就在于它能够给我们一个结构化的框架，将我们的想法、思考和判断归集到目标和关键结果中去。它的好处主要表现在三方面：一是更关注过程；二是绝对聚焦；三是能让过程变得可衡量。

别再纠结 OKR 与 KPI 的区别了，不专业

在前文中，我已经分别为大家介绍了 KPI 和 OKR 的定义。即便如此，相信大多数人在面对这两种截然不同的绩效管理模式时，依然会陷入这样一个误区：一门心思纠结 OKR 与 KPI 的区别。

事实上，这种纠结只能显示出你的不专业，实则完全没有必要。在本节的内容中，我将就这一话题和大家展开讨论，也希望通过我们的讨论，大家能够对 KPI 和 OKR 产生更客观、更全面、更深刻的认识。

OKR 和 KPI 有什么关系？

OKR ≠ KPI

首先可以确定的是，OKR 并不是 KPI。

一般来说，一个企业一定会拥有一个固定的商业模式或运营模式，这个模式就决定了企业每天要做什么事情，比如如何拓展潜在客户、提供产品和服务、进行销售和满足客户需求赚取利润，而这一套流程又可以被称为“常规业务”。

如果说对一个企业而言，战略性项目决定的是要“创造什么”的话，那么“常规业务”就决定着要“改进什么”。在前面我们已经强调过，KPI 是用来衡量部门和部门员工业绩成功率的指标，它是规划目标和执行目标过程中可衡量的部分，所以它推动的是常规业务；而 OKR 则是一个总体目标管理系统，它推动的是战略性项目。

OKRs 包括 KPI

为了帮助大家更好地理解这一点，我们先列举一个案例：

假设某公司设定了一个关于增加营业收入的 OKR。

O：在第一季度末实现营业收入增长 40%

KR1：第一季度新增客户 20%

KR2：第一季度毛利率提高至 30%

我们可以看到，在这个 OKR 中，“新增客户”和“毛利率”实际就是 KR1 和 KR2 这两个特定 KR 的 KPI。这也就意味着，在 OKR 中，因为 KR 必须量化，所以 KRs 从本质上来说其实是包含了 KPI 的。

KPI 和 OKR 实际上是黄金搭档

在前文中，我们已经强调过，KPI 是员工工作的结果或衡量标准，即成功的指标；而 OKR 则代表着目标和关键结果。这二者的关系，用一个医学上的形象比喻就是，KPI 代表着衡量我们健康的胆固醇指数，但是，它并没有告诉我们如何才能让我们的胆固醇指数达到这个水平。那么此时，我们就可以运用 OKR，为自己设定一个改善胆固醇指数的具体方法。

比如，当你的胆固醇水平过高的时候，你就可以设置这样一个 OKR。

O：降低胆固醇水平 20%

KR1：每周运动 4 次

KR2：每周吃 6 次健康午餐

从这个比喻中我们可以看出，KPI 是我们所想达到的主要结果的一部分，而 OKR 则是帮助我们实现 KPI 的关键途径。

这样说，如果大家还是不能理解的话，我们不妨再用另一个更通俗易懂的比喻。KPI 就如同能够告诉我们汽车是否有足够汽油的汽车仪表盘，那么，当这样的"仪表盘"告诉我们汽车的油快用完了的时候，OKR 就是我们的导航软件，能够指引我们去加油站给汽车加油。

总之，KPI 和 OKR 并不是对立的，而是一对可以结合的黄金搭档，相对于 KPI 来说，OKR 可以帮助我们摆脱现状，带领我们进入一个创新的、未知的领域。

OKR 与 KPI 没你想象的那么不同

知道了 OKR 和 KPI 的关系后，接下来，我们通过表 1–1 中二者的定义、本质、实质、关注点、导向性以及考核标准多个角度来进行比较，弄清其区别。

表 1–1 OKR 和 KPI 的对比

	OKR	KPI
定义	Objectives and Key Results 的缩写，目标与关键结果	是 Key Performance Indicator 的缩写，代表关键绩效指标
本质	是一个探讨如何将员工个人的工作目标同企业整体的战略目标相关联的管理框架，不以考核为目标，不再像一个传统的绩效考核工具，而更像一个目标管理工具	绩效考核工具，以考核为目的
实质	定义和跟踪目标及其完成情况的绩效管理模式	根据企业结构及战略目标层层分解，并细化为战术目标来实现绩效考核的工具，评估组织正在进行的流程或特定活动
关注点	员工有没有好好干活。OKR 的主要目的不是考核某个团队或者员工，而是时刻提醒员工当前的任务是什么	财务和非财务指标，默认工作完成的情况与员工利益直接相关，侧重考量工作量
导向性	产出导向而非关注导向	结果导向，关注事情本身做了没有
考核标准	分数高不代表绩效就高；贡献越大，绩效越高	分数越高，绩效越高
比较	OKR 强调的是员工要做的事，KPI 强调的则是要员工做的事。作为绩效工具，KPI 和 OKR 并无优劣之分	
使用	OKR 适合于员工能动性和自主性更强的业务形态，而 KPI 更适合需要衡量已存在的流程或活动的成功 / 产出 / 数量或质量。比如，如果员工的工作是需要创新的产品开发，那么，OKR 就是最适合的绩效管理工具；如果员工的工作是接听电话和处理客户投诉等，在这种情况下，KPI 就是最适合的绩效管理工具，即便是制定个人目标 OKR，也并没有很大意义。	

从表 1–1 中可以看出，OKR 和 KPI 在许多地方，比如实质、关注点、考核标准等方面的确存在着许多差异，总的来说，OKR 强调的是监督“员工要做的事情”，而 KPI 强调的则是监督“要员工做的事”。

然而，作为两种不同的绩效管理工具，不管出发点和实施过程如何，从本质上来说，它们都强调了三点：一是要有挑战性的目标、协同精神和可量化的指标；二是既要有季度的考核，也要有年度的考核；三是必须做到公司目标、团队目标以及个人目标相一致。

此外，如果我们从某一具体岗位的 OKR 与 KPI 的设定来看的话，便会发现，就某一特定的岗位而言，其 OKR 与 KPI 最终所呈现出来的差异其实并不明显，OKR 的具体 KR 与 KPI 的指标没有太大差异，OKR 目标设定的过程与 KPI 也十分类似。

由此，我们便可以得出这样一个结论，即 OKR 和 KPI 虽然有很多不同，但它们的差异其实并没有我们想象的那么大。同样的，同为绩效管理工具，它们也并没有优劣之分，而只有与组织的业务形态是否匹配之分。因此，并不存在谁将取代谁的问题。

为了帮助大家更好地理解这一点，我们不妨再通过表 1–2 更直观地感受一下 OKR 和 KPI 的差异。

可以说，OKR 在本质上与 KPI 其实并不冲突。那么，既然如此，为什么 OKR 会受到这么多企业的追捧，并且在绩效管理变革中掀起巨大的波澜呢？

表 1–2　OKR 与 KPI 的差异性比较

OKR	KPI
OKRs 要可量化（SMART OKRs）	一致
一个 OKR 最多设置 3~4 个 O，每个 O 最多 4 个 KR	类似（KPI 一般 5~8 个）
公司、团队、个人都有自己的 OKR，而且不同层级的 OKR 必须保持目标的上下一致	类似
OKR 每季度都打分，且强调公开透明	类似但有差异
OKR 强调要设置有野心的、有一些挑战性的目标，有些目标会让员工感觉不舒服	类似但有差异
每个人的 OKR 在全公司都是公开透明的，每个人都可以看到其他人的 OKR	有差异
60% 的 O 最初来源于底层	不同
OKR 结果不是考核的唯一标准	不同

要回答这一问题，我们还得从 OKR 和 KPI 最大的不同——思路和逻辑的不同说起，这也是我们接下来将讨论的重点话题。

OKR 与 KPI 最大的不同在于思路 / 逻辑

可以肯定的是，不管是 OKR 还是 KPI，最终都会产生一个分值，因此有人认为，OKR 和 KPI 最大的不同就在于 KPI 的结果是直接用于考核的，而 OKR 的评估却并不用于考核。

很显然，这种看法并不准确。试想一下，作为一个绩效管理工具，如果 OKR 的最终结果不用于考核，那么是否就意味着，它其实违背了绩效管理的初衷呢？

从这个角度来说，归根到底，OKR 最终所产生的分值肯定也是要用于考核的，只不过与 KPI 不同的是，OKR 并不是企业对员工绩效考核的唯一标准。换言之，OKR 的最终分值是完全可以用于评估人才的，但它的评估与绩效考核之间又不直接相关，它只具有参考性，且不具备唯一性。

这也就意味着，不管是 OKR，还是 KPI，它们的最终结果都会用来考核。那么，既然我们否认了大多数人所认为的 OKR 和 KPI 的最大不同，它们之间真正本质上的区别又表现在哪里呢?

答案是显而易见的，这种区别其实就在于 OKR 和 KPI 的打分逻辑不同。KPI 的最终得分和完成指标直接挂钩，目标完成度越高，得分就越高；OKR 更强调解开束缚，让员工敢于去做他们不敢做的事情，在 OKR 的模式下，即便员工的 OKR 完成度不高，但他们只要做出了成绩，超越了自己，一样可以得高分。此外，相比 KPI，OKR 的实施对于组织领导者的领导能力及文化特征也有更高的要求。

总之，在认识和比较 OKR 和 KPI 的时候，我们一定要明确一点，那就是 OKR 和 KPI 在形式上其实是很像的，OKR 的表格和 KPI 的表格也很像，而它们最大的不同则在于背后的考核逻辑和原则。

说到这里，对于在本节的开头我们所提出的那个曾让无数企业纠结的关于 KPI 和 OKR 如何进行选择的问题就可以给出一个明确的答案了。如果企业有一个伟大的梦想或一个鼓舞人心的愿景，那么，OKR 可以带领企业前进；如果企业需要衡量已存在的流程或活动的成功 / 产出 / 数量或质量，那么，KPI 更适合；如果企业两方面的需求都有，那么，不妨就将 OKR 和 KPI 相结合，让它们各司其职，让 KPI 负责考核，让 OKR 负责过程。

总之，OKR 和 KPI 都是绩效管理工具，从本质上来说，它们并没有好坏之分，而只有与企业适合与不适合之分，关于究竟是应该选择 KPI 还是 OKR，说到底，还是要根据企业的实际情况做决定。

绩效管理变革不是一场 OKR 与 KPI 的拉锯战

近年来，绩效管理几乎成了组织管理的“雷区”。在我为企业做培训的过程中，很多管理者，甚至企业家向我抱怨，企业的绩效管理难做。然而，绩效管理又是企业管理的重要组成部分。

这几年，关于绩效管理创新的呼声不绝于耳。诚然，随着时代的发展，绩效管理在观念、概念、目标、工具与方法等方面，有着显著的变化与创新。在观念上，由原来的绩效考核转变为全面的战略绩效管理；在概念上，呈现结果导向—行为导向—潜能导向的转变；在目标上，由改善员工绩效水平，向提高员工工作投入转变；在工具与方法上，由财务转型管理工具转变为灵活、智能的全面型管理工具。

绩效管理的创新没有止步于此。近两年，绩效管理创新的热议话题点是 KPI，许多管理者都认为可以用 OKR 来颠覆 KPI，从而推动绩效管理的又一次变革。事实上，绩效管理变革，并不是狭义上的绩效考核制度方式与层面的改革，更不是 OKR 与 KPI 的拉锯战。企业管理者应该从全局出发，考虑在不断变化的时代，如何进行有效的绩效管理变革。

那么，当绩效管理从 KPI 时代走向 OKR 时代时，企业管理者应该如何结合 OKR 与 KPI 进行绩效管理改革呢？阿里有一句“土话”，叫“认知决定思维，思维决定行为，行为决定结果”，要想让企业的绩效管理有所创新，管理者首先要具备变革的四大思维。以下为新形势下绩效管理变革的四大思维。

操作思维：整合 OKR 与 KPI

KPI 意为关键绩效指标。对于员工而言，它考核的是企业要员工做的事情。OKR 意为关键结果。它考核的是员工要做的事。

KPI 与 OKR 虽然都强调目标结果，归根究底即是对执行力的考核，但两者考核的重点不同。同时，在考核执行力的具体思路上，两者也存在差异。KPI 会先确定组织的总目标，随后进行目标分解，直至目标被层层细分到员工个人，即将个人目标量化，从而考核员工绩效；OKR 是让企业与员工共同制定目标，了解目标需要达成的结果，即对结果达成情况进行考核。表 1–3 是 KPI 与 OKR 的相同点与不同点对比表。

KPI 与 OKR 虽然有同有异，但二者在本质上没有优劣之分，只有管理者是否会正确使用的区别，并不存在互相颠覆的问题。不同的管理者，在不同的企业、不同的岗位，对 KPI 与 OKR 的具体运用情况也有所不同。管理者用得好，枯木也能开新芽；用得不好，妙手也难回春。因此，怎样才能在企业中恰如其分地进行 KPI 与 OKR 考核是管理者应该思考的问题。

表 1–3　KPI 与 OKR 的相同点与不同点对比

<table>
<tr><th colspan="3">OKR</th><th>KPI</th></tr>
<tr><td rowspan="3">相同点</td><td>前提</td><td colspan="2">企业存在明确的价值取向和目标；员工职责明确；企业愿意支付一定的考核成本</td></tr>
<tr><td>假设</td><td colspan="2">员工采取一切积极的行动，努力达到事先确定的目标</td></tr>
<tr><td>指标、目标产生</td><td colspan="2">在组织内部自上而下，公司与个人同时参与，共同确认目标、指标</td></tr>
<tr><td rowspan="5">不同点</td><td>定义</td><td>一套定义与跟踪目标及其完成情况的工作模式、管理工具和方法</td><td>根据企业（功能）结构将战略目标层层分解，并细化为战术目标，来实现绩效考核的工具</td></tr>
<tr><td>实质</td><td>管理方法（衡量员工是否称职）</td><td>绩效考核工具</td></tr>
<tr><td>本质</td><td>我要做的事</td><td>要我做的事</td></tr>
<tr><td>关注点</td><td>关注员工是否在好好工作。其目的在于提醒每一个员工的当前任务</td><td>关注财务与非财务指标，默认工作完成的情况；侧重考核工作量</td></tr>
<tr><td>导向性</td><td>产出导向（Outcome based）而不是做事导向（Task based）。即关注事情的结果，而不关注事情是否做过</td><td>纯粹的结果导向</td></tr>
</table>

定量思维：弱化绩效评级与奖励之间的联系

在大部分企业里，绩效通常与奖励挂钩，绩效评级越高的员工获取奖励的机会就越大，获取的奖励数额也越多。但在现实情况中，员工工作的完成情况不能被完全量化，因此绩效不应作为评价一名员工的唯一指标。

管理者在进行绩效管理时，不能一味地绩效评级划分员工，应该选取新的方式，对员工进行反馈与建议，从而为员工提供新的工作驱动力，提升他们的工作效率。因此，管理者应该拥有定量思维，弱化绩效评级与奖励之间的联系，将员工的奖励与员工的绩效、职业技能、价值观、岗位的具体情况以及客户的反馈情况等诸多因素关联，从而使奖励机制实现“一对一”向“一对多”的转变，全方位提升员工的工作热情。

实验思维：及时更新绩效管理工具

目前，可供管理者选择的绩效管理工具可谓是层出不穷，例如阿里巴巴使用的绩效管理工工具有 360 度绩效考核法、271 绩效考核法、KPI 考核法、OKR 考核法、目标管理法等。这些绩效管理工具虽然各有千秋，但在本质上都是针对企业内部制定的考核管理制度，并由管理者将其落实到绩效管理的过程之中。

虽然绩效管理工具繁多，但管理者在具体的运用上并不是多多益善，而是需要根据企业与自身的实际情况选择最适合的绩效管理工具，这样才有可能达到绩效管理的目标。

除了选择适用的绩效管理工具之外，管理者还要有实验思维，需要根据企业的发展情况、企业外部资源情况，及时更新绩效管理工具。例如，人力资源管理软件的升级与发展，为企业的绩效管理带来了新工具与新方法。目前，有许多软件开发商加强了对绩效管理工具的开发强度，已经有部分技术超前的开发商研发出了实操性强、快速、实时的智能化绩效管理工具。企业可以尝试将这些建立在技术与数据之上的软件工具，与本企业的绩效管理工具结合，使企业内部实现智能化的绩效管理，从而形成一套灵活、便捷的绩效管理方案，实现绩效管理的目标，在最大限度上提升员工的工作效率，促进企业的发展。

创新思维：从全局出发，注重绩效支持与辅导

有许多企业在发展的过程中，不注重企业绩效管理的变革，使绩效管理模式逐步僵化，其主要表现为只注重绩效管理的形式、流程以及最终结果。这让绩效管理浮于表面，不能对员工进行真正的考核。

为了避免绩效管理变得僵化，管理者应该从全局出发，在注重结果的同时还需要注重绩效管理的过程。绩效管理过程中的两大重要环节——绩效支持与绩效辅助是管理者不可忽视的部分。

绩效支持是为员工提供完成绩效任务的工具与资源。例如，员工在完成工作时需要的信息、知识、经验、规范流程等资源与工具。提供绩效支持，可以帮助员工在提高工作效率的同时，保质保量地完成绩效任务。在绩效支持的过程中，管理者可以明确员工急需的工作资源，从而进行资源的合理分配，使员工的工作能够正常开展。

绩效辅导几乎贯穿绩效管理的整个过程，主要通过员工与管理者的讨论实现。让员工明确自身任务时，管理者需要与员工讨论在完成任务的过程中可能存在的潜在问题，以及制订相关预防、规避风险的方案。在员工遇见问题时，管理者与员工的讨论主要围绕如何解决问题，为员工提出具有可行性的建议，指导员工继续进行工作等。

绩效辅导的重点是，管理者需要及时发现员工的问题，并尽量在问题未发生或者未扩大之前，与员工商讨解决方案，制订相关措施与方案。这不仅能够使员工高效地完成任务目标，还加强了管理者与员工之间的交流，增强了管理者的威信，提升了管理效果。

众所周知，绩效管理过程中会出现战略方向不对、工具使用不当等方面的错误，使企业面临遭遇损失的风险。而绩效支持与绩效辅导可以帮助管理者防范、规避风险。在绩效辅导的过程中，管理者与员工进行交流、讨论，可以让管理者明确员工的想法，收集员工的建议，从而在全局上把握绩效管理，确保绩效管理的战略方向正确。

除了绩效管理的战略方向与工具使用会出现错误之外，企业内部还可能会出现个人效率上升，但整体效率下降的情况。针对这一情况，绩效支持与绩效辅导可以改变员工的关注点，让员工在关注与自身相关的指标的同时，关注整体效益；在提升员工工作效率的同时，也在整体上提升企业的效率。

综上所述，绩效管理兼具综合性和复杂性，不仅包含了管理方式，还包含了绩效支持与绩效辅导等环节。而 KPI 与 OKR 只是进行绩效管理的两种方式，二者之间的拉锯战只是绩效管理变革的一部分，并不能与绩效管理变革画等号。

管理者在进行绩效管理时，不应该只关注有关 KPI 与 OKR 热火朝天的争论，而应该去思考如何在企业内部实现 KPI 与 OKR 的平衡与运用，并以此为据点，推动绩效管理的整体变革。

为什么阿里、华为、万科都在使用 OKR

2013 年年底，OKR 传入中国。起初，它主要是被一些从硅谷回国创业的人运用到自己的公司，后来，它又逐渐受到 IT（信息技术）、互联网、高科技、海外投资领域的追捧，开始在国内流行起来。

如今，6 年过去了，随着时光的流逝，OKR 走进了越来越多人的视野，得到了越来越多企业的青睐。据百度搜索数据统计，2014 年之前，OKR 的搜索指数日均在 60~70，而到了 2019 年，这一数字增长了 30 倍，变成了 2 000 左右，许多我们耳熟能详的大企业，比如阿里、华为、万科等，都将 OKR 视为绩效管理的“新宠”。

那么，OKR 究竟有什么魔力，能够被众多企业寄予厚望，它对于企业的绩效管理又能产生怎样的作用呢？这是本节要探讨的重点内容。

OKR 的底层激励逻辑

要弄清楚 OKR 究竟具有何种魔力，我们得从 OKR 的底层激励逻辑说起。

我们都知道，绩效管理归根到底是要激励和驱动员工。而关于人类的驱动力，《驱动力》一书的作者丹尼尔·平克将它分为以下三类（见图 1–3）。

生物性驱动力

这种驱动力来自最基本的生存需要，如饥饿驱使下，寻找食物的欲望；口渴驱使下，求得饮水的欲望，以及性欲驱使下，进行交配的欲望等

外在动机驱动力

如寻求奖励、避免惩罚等，胡萝卜加大棒就是此类驱动力应用的典型方式

内在动机驱动力

如好奇心、激情、学习欲望、探索欲望等，完成任务和取得成绩本身就是动力

图 1–3　人类驱动力的分类

其中，生物性驱动力被称为驱动力 1.0，外在动机驱动力被称为驱动力 2.0，内在动机驱动力则被称为驱动力 3.0。总结分析这几种驱动力的定义、特征以及大量的科学研究结果，我们便可以得出这样一个结论：内在动机驱动力是人类最高阶、最重要的驱动力，它对于人的创造能力和创新能力都具有巨大的促进作用，高水平的内在动机是杰出创造性人才的重要特征。

那么，内在动机驱动力又是如何产生的呢？归纳起来，内在动机驱动力的产生离不开以下三大因素。一是自主，即自我决定做什么，这种自主包括工作内容自主、工作时间自主、工作方法自主、工作团队自主等诸多方面的内容。二是专精欲望，即想把事情做得更好的欲望。三是目的，即目标、誓言和政策等，它代表的是超越自身的渴望。

弄清楚了激发内在动机驱动力的三大要素后，我们不妨将目光重新聚焦到 OKR 本身。在前文我已经强调了，OKR 即目标与关键结果，它是一款专注于确保目标或业绩达成的绩效管理工具，从本质上来说，它能够很好地体现出内在动机驱动力产生的核心要素，详情如图 1–4 所示。

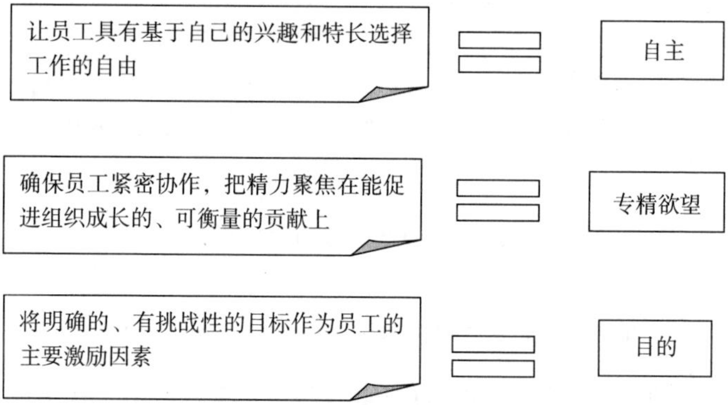

图 1–4　内在动机驱动力的核心要素

首先，OKR 强调的是自下而上的目标制定，让员工具有基于自己的兴趣和特长选择工作的自由，这正好体现出了内在动机驱动力的“自主”要素。

其次，OKR 的目的是确保员工紧密协作，把精力聚焦在能促进组织成长的、可衡量的贡献上，这一点与内在动机驱动力的“专精欲望”要素是相吻合的。

最后，OKR 强调的是将明确的、有挑战性的目标作为员工的主要激励因素，这恰好又对应了内在动机驱动力的“目的”因素。

由此，我们便可以得出一个结论：OKR 的底层激励逻辑便是将驱动力 3.0（内在动机驱动力）作为主要激励因素去驱动员工。这也就决定了它能够在企业的绩效管理中发挥巨大作用，也正是因为如此，它才成为众多企业眼中的绩效管理“新宠”。

OKR 真的有用吗？

在前文中，通过对 OKR 的底层激励逻辑进行探讨，我们已经了解了 OKR 备受企业青睐的关键原因。那么接下来，我们要解答的便是本节开头所提出的第二个问题：OKR 真的有用吗？它对于企业的绩效管理究竟能起到怎样的作用呢？关于这个问题，或许我们可以从华为的 OKR 实践中找到答案。

2017 年，在开展 OKR 两年多之后，华为曾做过一次绩效管理的满意度调查，结果显示，OKR 在促进团队合作、工作自由度、发挥个人特长、组织开放度等方面都具有显著作用，而那些开展了 OKR 的团队在绩效管理各维度的满意度都要远远高于采用传统绩效管理方法的团队，并且这些团队中没有一个愿意再退回去应用传统绩效管理方法。

从华为的 OKR 实践中，我们可以看出，OKR 在企业绩效管理方面的确能发挥巨大作用。毫不夸张地说，在一个企业的绩效管理模式切换到基于内在动机驱动力的 OKR 模式上后，这个企业便会犹如装上了核燃料一般，更加充满活力和热情。

归纳起来，OKR 对于企业绩效管理的作用主要表现在以下 5 个方面。

提高公司战略执行的聚焦度

这是实施 OKR 时可以期待的首要成果。在实施 OKR 的过程中，企业可以通过讨论和沟通，找到最值得投入的驱动要素，或是制约公司发展的瓶颈，以确保在一个明确的周期内获得一个确定的目标，然后通过这个目标来规划项目以及相关的任务，这样就能保证公司战略执行的高度聚焦。

事实上，在现实的生活中，绝大部分企业存在的问题并非战略制定错误，而是战略不够清晰或是执行力度不够，而 OKR 恰好是解决这个问题的最好方法。

培养团队成员的目标和结果意识

如果员工缺乏目标感和结果意识，那么管理者就可以通过 OKR 来解决这一问题。即便是那些与团队本季度 OKR 无关的成员，也可以通过观察 OKR 的制定逻辑来培养策略性思考能力。例如，市场部的员工原先可能只会关注自己能否完成日常的任务，而 OKR 的理念可能会让他理解真正有意义的结果是销售部门带来的高质量的客户咨询，而不是单纯完成自己的销售指标。

加强跨部门和跨层级的沟通

实施 OKR 势必需要多个部门的共同协调和努力。例如，想要提高产品的可靠性，就需要设计、开发和制造整个流程中所有成员齐心协力；想要降低应收账款，也需要销售和财务部门的协作。因此，跨部门和跨层级的协作是 OKR 实施的基本条件。

除此之外，OKR 摒弃了针对岗位的绩效考核，这样能够充分释放协作的潜力，让内部沟通更加直接和透明，使得组织更加扁平。

让企业更适应高速的变化

一般来说，OKR 每个季度都会面临复盘以及下一轮的制定，这样能够保证核心团队以较高的频度来审视战略路径是否合理。某些市场环境变化剧烈的行业，甚至可以提高 OKR 复盘的频度。而 OKR 能够适应市场变化的原因在于，它要求我们把目光聚集于少数的关键事物。以共享单车为例，也许这个季度它的关键问题是如何获取用户，而下个季度的关键问题就变成了如何提高产能。

识别出高绩效员工

虽然 OKR 并不采用岗位的绩效考核，它却能够识别出高绩效的员工。我们可以通过制定和实施 OKR 的过程来看出不同成员的批判性思维习惯、自律性、沟通的主动性、沟通的技巧以及结果意识等。这些东西都能够反映出一个人的长期绩效，而这也是僵化的岗位 KPI 所做不到的。

不过我们也应该明白，每个工具都不是完美的，OKR 也不例外。英特尔和谷歌使用 OKR 获得了显著的效果，但许多企业使用传统绩效管理也能取得不错的成效。这就意味着，对于绩效管理而言，重要的不是选择了什么样的工具，而是这个工具是否适用以及能否用好。

OKR 适合什么样的企业

通过对前文的学习，相信大家对 OKR 一定有了更深刻的理解，也一定会有许多企业开始跃跃欲试，准备推行 OKR。那么，是不是所有的企业都适合开展 OKR 呢？对此，我想提醒大家：每一种管理方法都有其适用条件，对于任何一家企业而言，相比于选择什么样的绩效管理工具，更重要的永远都是选择适合自己的工具，并让其发挥应有的价值。

从这个角度来说，企业在做出是否推行 OKR 的决策之前，首先要做的便是要弄清楚自己的企业是否适合推行 OKR。在本节，我就将和大家共同来探讨一下什么样的企业在什么样的情况下更适合使用 OKR。

开展 OKR 需具备的四大条件

在讨论 OKR 的适用性之前，我们首先需要明确 OKR 的本质。

在前文中，我们已经介绍过，OKR 的全称是 Objectives and Key Results，即目标与关键结果，O 为 Objective，它既可以是企业整体目标，也可以是组织、团队或个人的目标；KR 为 Key Results，为体现、衡量 O 的关键结果。

事实上，OKR 并不高深，它只是一种简单的目标管理思想。要想揭示 OKR 的本质，我们可以从目标的 5 个基础支柱——目标对齐（Connected）、支持（Supported）、适应性（Adaptable）、进展跟踪（Progress-based）和挑战性（Aspirational）去探索，如图 1–5 所示。

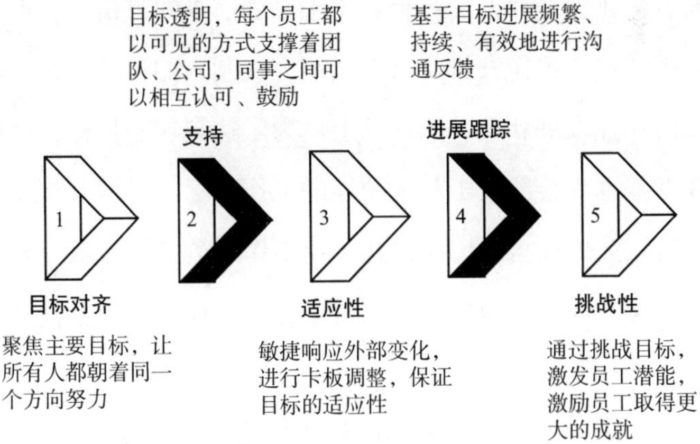

图 1–5　从目标的 5 个基础支柱看 OKR 的本质

从图 1–5 中我们可以总结得出，OKR 的本质其实就是一个探讨如何将员工个人的工作目标同企业整体的战略目标相关联的管理框架，它的运作逻辑是通过鼓励员工主动设置有挑战性并公开透明的目标，激励员工表现得更好。

虽然 OKR 的运作逻辑看起来很简单，事实上，它对企业的文化基础、高层的支持、管理者的成熟度甚至员工的特点都提出了一定的要求，这也造成不同的企业实施 OKR 会产生不同的效果。因此，我们在准备推行 OKR 之前，一定要首先问一问自己，我们的企业准备好了吗？真的能与 OKR 产生美妙的化学反应吗？

结合 OKR 自身所具备的特点，我认为，适合采用它的企业一般需要具备以下条件。

企业文化积极主动

很多企业管理者出于对企业未来发展前景的自信，觉得只要员工能按照预期工作安排保质保量地完成制定的目标，企业就能和设想的一样发展壮大，蒸蒸日上。为了达到这一目标，这些企业管理者基本都会给员工制定硬性的工作指标，并结合奖惩手段去督促员工完成该指标。在这些企业工作的员工往往承受着各项指标的压力，这种管理文化被称为压力型管理文化，也就是现在大家更为熟悉的“狼性文化”。

除此之外，另外一些企业管理者则会给予员工更宽松的氛围，他们不以工作指标为绩效衡量标准，鼓励员工充分发挥自己的聪明才智和想象空间，去进行创造性的工作，而不是命令员工机械地追着目标跑。这种企业的整体氛围一般都很和谐，它们希望通过激发员工的主动性、创造性，推动公司向前发展。我们把这种管理文化称为积极型管理文化。

当然，现在绝大多数企业的管理文化其实都属于压力型管理文化和积极型管理文化的结合，各有侧重。不过单纯就这两种管理文化而言，相比之下，拥有积极型管理文化的企业显然更适合使用 OKR。

员工敢于挑战

OKR 并不适用于每一位员工，具体来说，OKR 的特点就是员工会自觉自发地挑战更高的目标，而不会原地踏步，并希望通过不断的挑战来刷新和激励自己。

这也就意味着，那些安于现状、不思进取、只想浑浑噩噩度日的员工是没法适应 OKR 的。而只有那些自律自觉、奋力拼搏、不断挑战、充满激情的员工，才能真正适应 OKR，并保证 OKR 的顺利执行。

所以，如果你的企业决定要引入 OKR，那么，你首先要做的就是要保证你企业的员工充满激情并始终保持着昂扬的斗志。

保证薪酬

免去员工的后顾之忧，才能让员工全身心地投入工作的挑战之中。正如中国有句俗语所说："马儿要跑也需吃草。"只有有了良好的薪酬待遇，让员工得到了稳定的生活保障后，员工才能全身心地接受更高层次的挑战，从而实现自我发展和公司发展的双赢。

待遇公平

引入了 OKR 的公司需要给予员工公平的待遇，除了保证薪酬外，还涉及公司的晋升制度、福利、发展前景等。“不患寡而患不均”，如果不保证待遇公平，将会极大地影响团队的工作发展，员工也很难全身心地投入工作。

适合开展 OKR 的六类企业

在上文中，我们从 OKR 的本质出发，探讨了适合采用 OKR 的企业所需要具备的几大条件。可以肯定的是，作为一种舶来品，OKR 在国内的生存与成型绝不应该是对西方的照搬照抄，而应该因地制宜，那么接下来，我就将站在行业的高度并结合 OKR 的特质，为大家介绍一下目前国内哪些类型的企业更适合推行 OKR。

类型一：产品更新迅速的 IT 企业

在新兴的互联网企业中，产品更新迭代快是普遍现象，这就要求 IT 企业必须不断突破自身的局限，在技术上实现创新，从而迅速适应市场环境，抓住商机。IT 企业的员工必须具备敏感的产品嗅觉以及能够实现产品创新的内在创造力，而 OKR 鼓励创新和冒险，倡导员工独立解决问题，这与 IT 企业的管理理念不谋而合。因此，IT 企业是非常适合引入 OKR 绩效管理模式的。

类型二：强调创意思维的传媒公关企业

传媒公关方面的企业相比于传统企业拥有更多的创新性，反对死气沉沉和一成不变，强调用创意让改变发生，更大胆的想法和创新是这类企业的共同追求。因此，这类企业非常适合采用 OKR 的绩效考核模式，其轻松包容的整体氛围与 OKR 的精神十分贴合。

类型三：项目主导型企业

项目主导型企业团队内部的管理不会太过于复杂，属于扁平化管理，层级不多，整体规模中等。采用 OKR 绩效管理模式可以让项目主导型企业的组织更加严密，独立运作和自我管理更加有效。此外，OKR 也能让项目主导型企业内部层级收紧，对外展示公开，整体运转量化有序。

类型四：创业型企业

企业在创立的初期往往面临着很多困难和挑战，尤其是企业发展的战略目标需要在不断地探索和前进中修正确认。因此创业型企业适合采用 OKR 去将战略目标和发展结果紧密结合，确保企业的目标能够通过共同的努力完成。

同时，OKR 能够保证企业在发展的每一阶段都对其目标战略进行不断的调整和修正，从而确保企业在正确的轨道上运行。除此之外，OKR 特有的集成模式还可以聚集企业的最佳资源，并把它们运用到最需要的地方，从而有效避免资源浪费，这对于企业的发展无疑是非常有用的。要知道，在企业发展的初期，每一分力量都要用在刀刃上。

类型五：转型中的企业

时代的发展让很多传统企业都走上了转型之路，过去的模式已经无法适应新时代的发展趋势，所以需要改革求新，从存量市场转变为增量市场。

企业的革新不仅仅是管理者的规定和号召，更重要的是企业内部上下一心，整体变革。OKR 强调的是企业上下目标一致，并且在确定了目标后，员工能够更清楚、更透明地感受到企业目标和自己工作的相适性，从而让他们了解自己还需要做出哪些改变，去与企业目标保持协调一致。这对于企业的转型无疑是非常重要的。

以上为大家列举了最适合使用OKR 绩效管理模式的 5 类企业。需要注意的是，在衡量自己是否适合导入 OKR 绩效管理模式的时候，企业除了要考虑其所处的行业，还需要关注自身的规模大小，如果是中小企业，且企业创始人具有非常清晰的决策意识，团队整体氛围向上，OKR 就没有太大的作用。如果企业规模大，领导决策模糊，员工浑浑噩噩，这种企业就急需采用OKR 来改变现状。

第 2 章
OKR，绩效管理变革的绝对驱动力

现如今，随着“互联网 +”时代的到来，传统的绩效管理 2.0 显然已经不足以支撑所有企业的绩效管理需要，一场全新的、旨在推动企业真正建立高绩效企业文化的绩效改革似乎已经迫在眉睫。而绩效管理 3.0 的典型代表——OKR，无疑已经成为这场变革中最受关注、也最被人津津乐道的主角。

OKR 与传统绩效管理的异同

2013 年 11 月，微软正式宣布放弃绩效考核排序制度；2015 年，GE（通用电气公司）宣布放弃强制分布和末位淘汰制度，德勤宣布重构绩效管理，埃森哲宣布放弃绩效评估和排名。与此同时，“微信之父”张小龙也曾在一篇内部演讲中提到，要警惕 KPI 和流程，支持内部轮岗。他说：“微信的敏捷精神和管理不应该单单从 KPI 出发，而是（应该）从用户角度、从产品和业务角度出发。所以从绩效工具的角度出发，我认为并不是 KPI 出了问题，而是在使用 KPI 的时候出了问题，就比如菜刀本身没有问题，但拿来杀人就有问题了。”

事实上，无论是微软、GE、德勤、埃森哲，还是微信，都告诉了我们这样一个事实：时代已经变了，绩效管理也应该追随时代的步伐，适时变革。而在这场没有硝烟的绩效变革战役中，OKR 无疑是最绝对的驱动力。

那么，为什么说 OKR 是绩效管理的绝对驱动力呢？它又是否能够挽救正被传统绩效管理束缚的管理者呢？要弄清楚这些问题，我们还是要从 OKR 和传统绩效管理的异同说起。

OKR 和传统绩效管理的相同之处

毋庸置疑的是，如果单纯地将 OKR 视为一个绩效管理工具，那么，从本质上来说，这个工具和之前的传统绩效管理工具并没有什么不同，这就好比电灯和煤气灯，它们都是一盏灯，而在电灯刚出来之前，煤气灯的运用似乎还要更广泛一些。

具体来说，OKR 和传统绩效管理的相同之处主要在于它们都是绩效管理工具，都遵循 PDCA 原则，如图 2–1 所示。

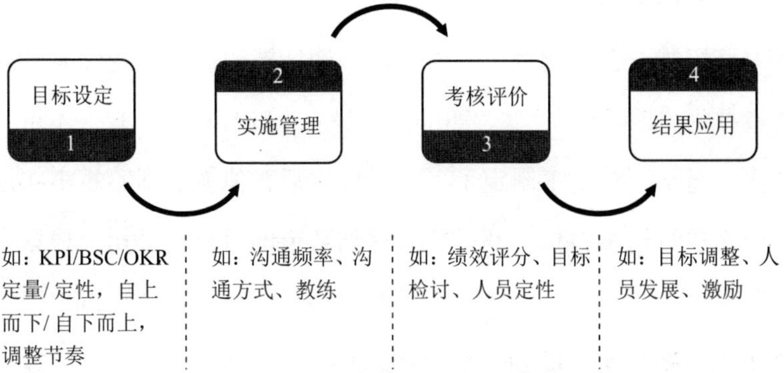

图 2–1　PDCA 下的绩效管理运行

从图 2–1 我们可以看出，不管是 KPI、BSC（平衡计分卡）等传统的绩效管理方式，还是 OKR 模式下的绩效管理方式，它们都会经历目标设定、实施管理、考核评价和结果应用的阶段，并且都必须要进行持续的沟通和反馈，其目的也都是追求激励的作用。这些也正是传统绩效管理和 OKR 绩效管理的相同之处。

OKR 和传统绩效管理的不同之处

在前文中，我们已经分析了 OKR 和传统绩效管理的相同之处。毋庸置疑，既然有相同之处，那就一定会存在不同之处，并且，当我们不仅仅将 OKR 视为一个绩效管理工具，更是一种绩效管理理念的时候，二者的不同之处就会表现得更淋漓尽致。总的来说，OKR 和传统绩效管理之间的差别，不仅是 N 和 1 的差别，还是 N 和 –1 的区别，这种差别，主要体现在以下 4 个方面。

框架理念不同

目标制定、绩效执行、绩效评价和绩效沟通是传统绩效管理所遵循的“四部曲”，这“四部曲”是一个环环相扣、缺一不可的整体：通常，在员工制定了一个目标之后，他就必须不折不扣地去严格执行这个目标，到了绩效评估环节的时候，公司会根据员工完成了多少目标来评定员工的绩效结果，最后，公司再根据绩效评估的结果与员工进行进一步的沟通。

在这个过程中，绩效评估的结果将直接影响员工的切身利益，比如升职、加薪甚至淘汰等（见图 2–2）。

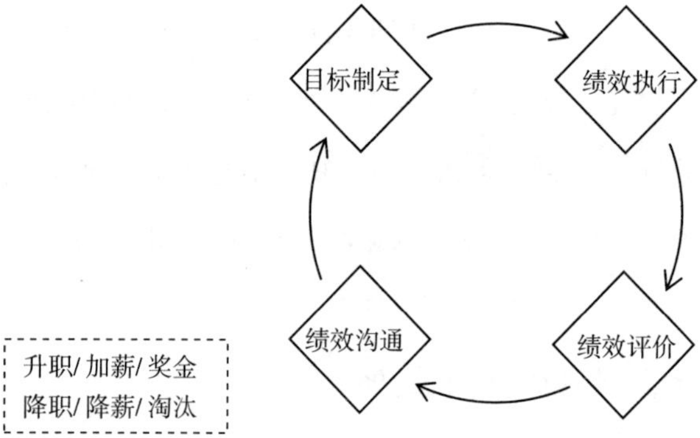

图 2–2　传统绩效管理框架

简单来说，这种受后端物质激励和惩罚（淘汰）所驱动的绩效管理方式，其实就是一套简单粗暴的“胡萝卜加大棒”式的管理方式。它的劣势在于容易导致员工不愿意设定有挑战的目标，而选择在设定工作目标时刻意地去降低自己所能达到的目标水平，并且在进行绩效评估时，又刻意夸大自己的成绩，从而体现出自已超预期达成原定目标的形象。

为了帮助大家更好地理解这一点，下面我将和大家分享一个我亲身经历过的传统绩效管理案例。

某次，在制定目标时，上级部门甲将离职率作为考核下级部门乙的关键指标，要求下级部门乙制定一个与员工离职率相关的目标。

明确任务后，乙部门首先根据当时公司已有的离职信息做了一个初步的离职率评估，评估结果显示如果不做任何干预的话，离职率在 8% 左右，而如果适当地做一些干预、想一些办法进行挑战的话，离职率则可以降低到 6% 左右。

后来，为了保险起见，乙部门上报给甲部门的目标是将离职率控制在不怎么努力就可以达成的 8% 以内。如此一来，因为目标轻而易举便可达成，员工的工作热情也大打折扣。

和传统绩效管理不同，OKR 并没有将目标管理和评价管理融为一体，而是将传统绩效管理的“四部曲”整合成了价值创造和价值评价两个环节，上半环节的价值创造主要专注于目标的定制、目标的达成和反馈；下半环节的价值评价则主要专注于绩效沟通、绩效评价，即对所做贡献给予公平的回报，如图 2–3 所示。

通过这看似微不足道，实则跨越式的变化，OKR 便将绩效管理成功推到了绩效使能时代。

在 OKR 模式下，绩效评价的衡量指标由目标完成率变为最终贡献的大小。还是以前面提到的案例来进行分析。在同样的情况下，如果乙部门制定的目标是将离职率控制在 8% 以内，即便是乙部门百分之百地完成了这个目标，但由于最终贡献率并不大，所以乙部门员工的绩效评定结果也不会太高。

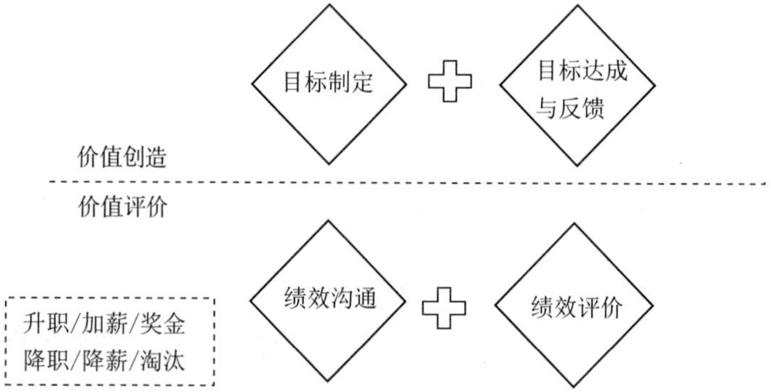

图 2-3　OKR 绩效管理框架

反之，如果乙部门设定了一个具有挑战性的目标，比如要将离职率控制在 5% 以内，而在实际的绩效评估中，即便他们的目标没有百分之百完成，最终只将离职率控制在了 6%，但这 6% 的离职率比起现有的 8% 的离职率也已经有很大的突破了，那么最终乙部门员工的绩效评定结果仍然可以是卓越。

从这个案例中我们可以看出，不同于传统绩效管理模式以评估员工为导向，OKR 绩效管理模式是以员工发展为导向的，所以它不看中目标的完成率，而看重员工的贡献大小。

这两种不同的导向导致的结果是完全不同的：以员工评价为导向的绩效管理因为直接关系到员工的切身利益，所以会导致员工以封闭的心态看待上司的评价意见，在这种管理模式下，上司会想方设法证明员工不能胜任工作，而员工也会想方设法证明自己能够胜任工作，于是双方很难处于同一沟通频道。而以员工发展为导向的 OKR 绩效则会让员工对负面评价保持更开放的态度，他们往往更容易接受上司的批评意见，因此双方更容易达成共识。

目标制定方式不同

“高层看战略，基层看执行。”

“高层要有使命感，中层要有危机感，基层要有饥饿感。”

“高层用脑，基层用手。”

……

以上的管理口号，相信大家或多或少都有耳闻。事实上，这些口号恰好反映出了传统绩效管理在制定目标时的常规方式：一味强调要自上而下地对目标进行层层分解。换言之，在传统的绩效管理模式中，思考只属于高层，基层是不需要思考的，而只需要执行高层的指示即可。

与这种目标指定方式不同的是，OKR 强调的则是要充分发挥员工的主动性，自下而上地制定目标，让员工充分参与组织的目标制定，并且认真思考自己能为这个组织目标做些什么，然后再据此制定个人 OKR。

在 OKR 模式中，员工不再是被告知组织目标的人，而变成了主动参与组织目标设定的人，这种“要我做”到“我要做”的转变，一方面能够增强员工的归属感和成就感，另一方面能够增强员工对组织目标和个人目标的承诺感。相应地，员工的工作热情也会更高涨。

目标公开方式不同

传统绩效管理的目标相当于上级和员工之间的约定和承诺，因此这个目标只有管理者与员工知晓。在这种绩效管理模式下，目标仅主管和员工可见。OKR 则截然不同。一般来说，员工制定的 OKR 是全公司可见的，而且任何一个员工都能随时查阅其他员工的 OKR（见图 2–4）。

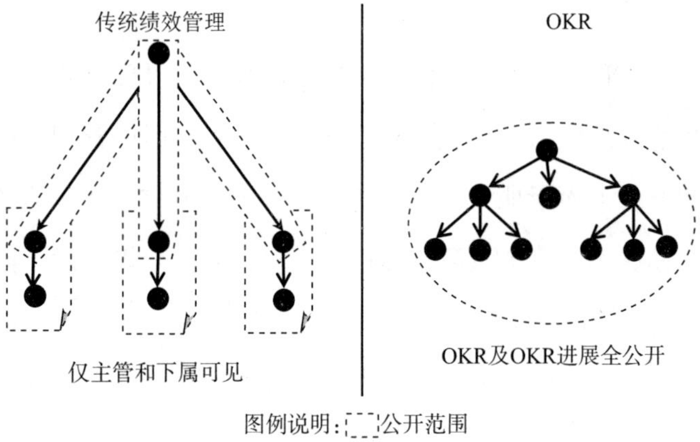

图 2–4　目标公开方式对比

相比较而言，OKR 的这种目标公开方式主要具有两大优势。

（1）更好地增进团队成员之间的相互了解和相互协作

传统绩效管理模式中的目标是封闭的，员工一般无法看到相关同事的目标。但是在 OKR 模式下，每个人的目标都是公开透明的，这样不仅能够增进团队成员的互相了解，还能进一步促进工作的协调开展。

（2）让员工更清晰地感知自己的工作对企业的价值

传统绩效模式中的信息是单向流动的，管理者能够看到员工的目标，员工却无法知晓管理者的目标。这种模式似乎是为了满足主管监视员工工作的需要而设定的。在这样的模式下，主管能够随时关注员工的工作进程，并且将此作为员工考核的标准。但是，员工却往往不了解自己的工作对于团队的价值和意义，这样他们就等于被限制在了特定的任务上，好比只顾搬砖的人，看不到建设中的教堂。

OKR 默认公开全体成员的目标。这样做的好处是，员工不仅能够看到相关同事的目标，也能看到上层管理者的目标，这除了能够让员工感知自己的工作对于团体的价值外，也能打开员工的视野，让员工从其他同事的 OKR 中得到启发，从而更好地开展自己的工作。那些具有较高积极性和主动性的员工甚至还能在完成自己的本职工作之后，思考如何为公司创造更大的价值。

辅导方式不同

绩效辅导是传统绩效管理模式下主管的特权——主管负责绩效辅导，而员工只能被动接受。通常，绩效辅导就是主管与员工进行单独谈话，或语重心长，或谈笑风生。因此，很多员工认为，绩效辅导更多的只是例行公事，没有实际的意义。

在这种模式下，由于地位的不平等以及信息的不对称，员工只能被动地接受绩效辅导。这种绩效辅导并不能达到沟通的效果，因为沟通是信息双向交流的过程，而这只能算是信息的上传下达。对于主管来说，这或许只是公司下达的任务，因此很多企业都认为绩效辅导没有作用。

OKR 倡导开放平等的工作氛围。全员公开的目标能够让所有人看见其他人的目标及其进展，因此，每个人都能点赞和评论他人的目标完成情况。俗话说，“三人行必有我师”，对于被评论人而言，其他人的评论就是一种非正式的辅导，这种辅导可以被称为“社交化辅导”。如果我们把每个人的目标当作员工发布的帖子，那么其他人就像在贴吧一样可以对这条帖子进行评论和回复，这样的“社交化辅导”不仅增添了辅导的趣味性，也在无形之中拓展了辅导的深度。

现如今，人们沉迷于微信、微博、推特等社交媒体，究其原因，正是因为这些应用能够让我们进行沟通和交流。如果一个新闻 App（应用程序）没有回帖的功能，那么它甚至不能被称为一个健全的 App。在很多情况下，评论的内容比帖子本身更有乐趣，大众的智慧是无穷的。如果 OKR 也能以这种有趣的方式展现在员工面前，使得员工能够从富有智慧的评论中汲取营养，这对于团队工作的开展是十分有利的。

而且，这种绩效辅导方式是全天候实时触发的，任何员工在自己想要表达的时候都能发表自己的评论，而不像传统的绩效管理模式中那样，需要 HR（人力资源）催促主管做绩效辅导。绩效辅导应该是随时随地都能进行的事情，不应该受到时间的限制。

两种辅导方式的不同如图 2–5 所示。

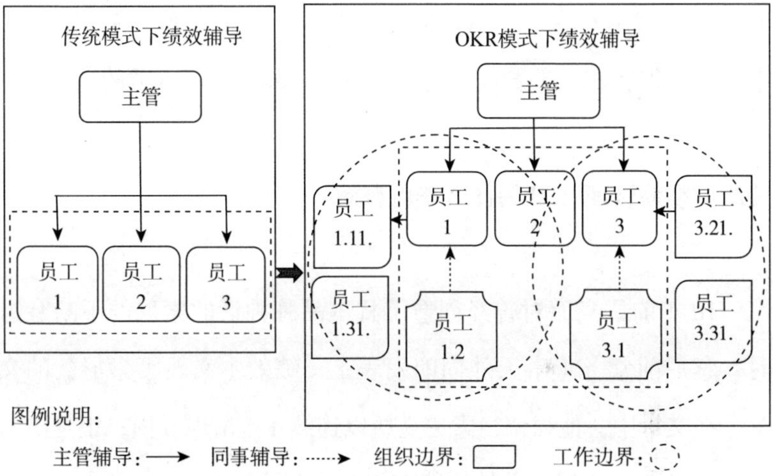

图 2–5　传统模式下绩效辅导与 OKR 模式下的绩效辅导对照

以上介绍了 OKR 与传统绩效管理的相同之处和不同之处，你了解了吗？

OKR 能否挽救正被传统绩效管理束缚的管理者

在现实生活中，我常常会听到一些企业的管理者抱怨，企业的绩效管理越来越难做。然而，作为企业管理中非常重要的一环，绩效管理又是每个企业都不得不面对的永恒话题。可以肯定的是，关于绩效管理改革的探讨，人们从来没有停止过。现如今，随着“互联网 +”时代的到来，传统的绩效管理 2.0 显然已经不足以支撑所有企业的绩效管理需要了。那么，传统绩效管理究竟正面临着怎样的困境呢？为什么越来越多的企业，诸如阿里巴巴、华为、万科都在使用 OKR 呢？ OKR 又能否真正挽救正被传统绩效管理束缚的管理者呢？带着这些问题，我们一起来学习本节的内容。

传统的绩效管理 2.0 为什么不再有效

10 年前，当面对曾经创造了日本品牌神话的索尼的不断衰退时，索尼前常务董事天外伺朗发表了《绩效主义毁了索尼》的文章。在文章中，他强调，索尼之所以连续 4 年出现亏损，正是因为绩效主义毁了索尼。天外伺朗在文章中写道：“绩效主义企图把人的能力量化，以此做出客观、公正的评价。但我认为事实上做不到。它的最大弊端是搞坏了公司内的气氛。上司不把部下当有感情的人看待，而是一切都看指标、用‘评价的目光’审视部下。”

其实，如果我们认真总结一下，就可以发现，天外伺朗所谓的绩效主义，本质上就是考核主义，这也是传统绩效管理 2.0 的典型特征。

如今，10 年过去了，索尼的悲剧并没有就此停止，相反，越来越多的企业走向和索尼同样的道路，拥有了和索尼同样的命运。

而面对这一境况，我们不禁要问，为什么传统绩效管理 2.0 对于许多企业不再有效了呢?

其实，要回答这一问题，我们还是要从绩效管理 2.0 本身的框架说起。通常，企业在引入目标制定环节之后，绩效管理就会自动扩展成为一个综合性的全流程管理活动，这个全流程管理活动一般包括目标制定、绩效实施和辅导、绩效评价三个环环相扣的环节。

这也就意味着，在引入目标制定环节后，企业的绩效管理便会以目标制定为起点，中间穿插着绩效的过程管理活动，最后再以绩效评价为终点，详情如图 2–6 所示。

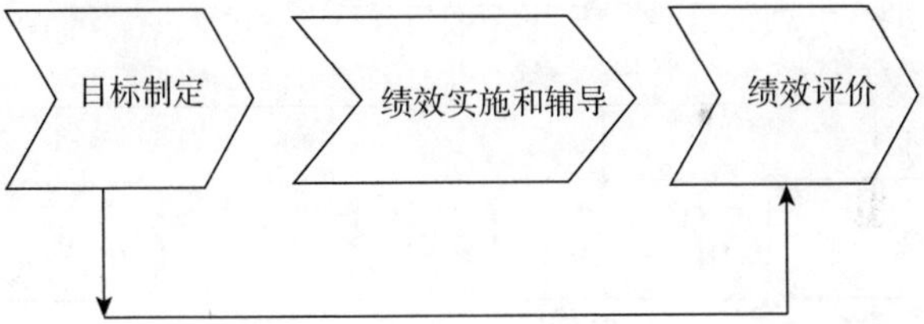

图 2–6　企业引入目标制定环节后的绩效管理流程

这样做的好处是能够让员工在开展工作之前，首先明确工作的价值和意义，并且找好工作的目标和方向，以便更好地实现目标。

然而，万事皆有两面性，在带来好处的同时，这样的操作也存在一定的风险。那就是容易导致实践的过程偏离初衷，造成绩效主义现象。具体来说，导致这种结果的原因主要有以下几点。

目标自上而下指派

从员工的角度来说，他们可以通过目标来理解工作的意义和价值所在。如果我们想要制定一个合理的目标来发挥这种引导作用，那么就应该让员工参与目标的制定过程。

如果员工没有参与，那么他们就只是被动地接受目标。缺乏参与感会让员工产生一种感觉：自己只是管理者完成任务的棋子。这种情况会随着企业规模的扩大以及组织层级的加深而逐渐加重。

传统的组织架构如图 2–7 所示。

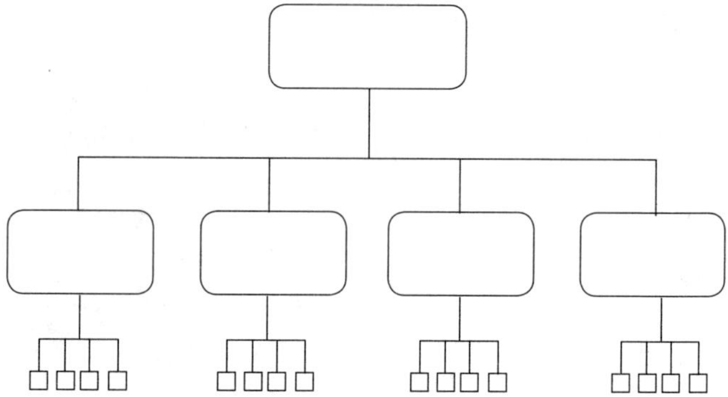

图 2–7　传统组织架构

从图中我们可以看到，这种组织结构是一层一层分解而来的。在这种结构中，如果我们的目标是建一栋房子，那么分解到最底层的目标可能就变成了找到足够的建筑材料。当目标到达员工的时候，他们已经看不出做这件事情的意义了。

绩效辅导等同于进度监控

在绩效实施和绩效辅导的环节中，管理者应该和员工有更多的交流，尤其是管理者应该为员工提供更多的辅导和资源，这样才能让员工更好地完成目标，从而提高绩效。

然而，现在越来越多的企业并没有做到这一点，它们总是过分追逐效率，把整个辅导环节变成了单向的进度跟踪和监控。当管理者过于注重工作进度时，一旦管理者发现员工的工作滞后，他便严厉督促该员工，并且要求其通过加班加点的方式来赶上进度。这样一来，员工就会承受巨大的工作压力，并且把完成工作进度当作第一要旨，他们会因盲目追赶进度而缺乏对工作的认知和深入思考。

绩效强制分配比例

在信息时代，很多企业都采用强制绩效比例原则和相对考评原则来衡量员工的绩效。

那么，什么是强制绩效比例原则呢？简单来说，就是把一个团队的内部员工的表现分为几个等级，并且在每个等级设置一定的比例。例如，某企业将员工的表现分为 5 个等级，第一个等级的比例为 10%~15%，第二个等级和第三个等级的比例为 30%~40%，第四个等级和第五个等级的比例为 0~15%。如此一来，在这个企业中，无论是优秀的团队还是相对较差的团队，都会强制使用这种比例分布，最终处于团队末尾的员工，则被淘汰。

了解了强制绩效比例原则后，我们再来了解一下相对考评原则。简单来说，该原则就是指管理者通过比较团队内部员工的工作输出，对员工进行排序，排在前面的员工绩效要优于排在后面的员工。从这个定义中我们可以看出，当采用相对考评原则的时候，员工绩效的好坏是通过比较得来的。这就意味着，员工不需要努力工作做到最好，只需要超过另一个人就不会被淘汰。在这一背景下，他们也就不会把精力集中在提升自己的个人能力这一方面。

在这方面，微软的感触是非常深刻的，作为曾经实行过这一制度的企业，微软当时在这一制度影响下的内部部门组织结构图还曾在网上广为流传（见图 2–8）。

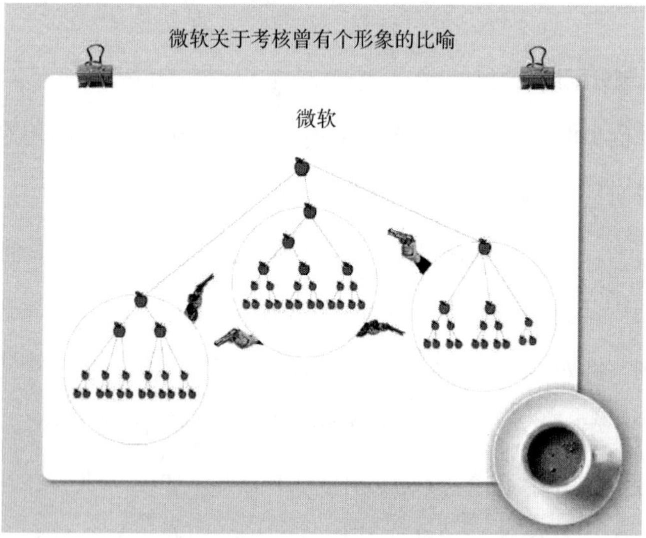

图 2–8　微软关于相对考评原则的形象比喻

在 2013 年之前，微软严格实行绩效强制分配比例和相对考评原则，而上面的这张图反映了当时微软内部的情况：各个部门都拿着枪指着对方，希望自己获得胜利而对方被淘汰，整个企业充满内斗。

当时，关于这种考核模式，微软内部曾以救生艇做过形象的比喻：如果你和 6 个人乘一艘船在海里航行，但是船突然坏了，你必须和其他人通过救生艇逃生。但救生艇很小，可以承载的人数有限，所以你需要决定将谁抛弃。因此你不得不给这 6 个人排序，排在最后的那个人是你最不愿一起逃生的。

微软甚至把这个作为面试应聘者的经典问题，由此可见绩效文化对其的影响之深。也正是因为这样，每个员工在刚进入微软时就已经如履薄冰，为了让自己成为能坐上救生艇的人，所有人都致力于如何超过其他人，而不是专注于工作。这是微软错失互联网时代，被外界称为“迷失的 10 年”的一段时间。

强绩效应用

如今，很多企业为了体现自己对员工绩效的重视，都热衷于打造所谓的高绩效组织，把绩效结果应用于企业内部的各个方面，这样一来绩效就成为物质回报的代号：绩效好则回报高，绩效不好则一无是处。这种强绩效应用带来的后果就是严重限制了员工的思维空间。

关于这一点，任正非曾以一个形象的比喻进行了描述：猪养得太肥了，连哼哼声都没了。在任正非看来，人才是推动科技企业发展的强大力量。企业过早上市会让员工在短时间内获得大量收入，这会对他们的工作激情产生消极的影响，企业很有可能会因为团队涣散而增长缓慢，而员工年纪轻轻拥有大量财富也不利于他们个人的成长。

因此，对于员工来说，外在激励的作用是很有限的，也许其在企业发展的初期作用会很明显，但是到了后期，外在激励就会逐渐失去作用，难以激发员工的工作激情。

OKR 能否挽救正被传统绩效管理束缚的管理者？

以上我们指出了传统绩效管理 2.0 对于许多企业的绩效管理不再有效的现状和具体原因。既然传统绩效管理 2.0 已经逐渐失去了作用，是否这就意味着 OKR 的引入能改变这一现状，给正被传统绩效管理 2.0 束缚的绩效管理带来新的希望与活力，从而挽救正被传统绩效管理束缚的管理者呢？

关于这个问题，我并不能给出一个肯定的答案。不过，可以肯定的是，OKR 的引入对于企业的绩效管理一定是有积极意义的。这种积极意义主要表现在以下几点。

实现更为灵活的工作形式，打破官僚层级束缚

随着企业的发展壮大，不可避免地，企业组织架构的层级会

逐渐增多，此时，日趋官僚化就是企业不得不面对的难题。具体来说，这种官僚化主要体现在工作的开展更多地依赖政命令，呈现出自上而下逐层传递的状态。在这种状态下，员工也就逐渐养成了等待工作任务分配的习惯。

不可否认，这种“上级指哪儿，下级就打哪儿”的官僚模式在稳定的外部环境下能够产生较强的执行力，然而，正所谓“船大难调头”，一旦外部环境变得不再稳定——当外部风向发生变化时，如果决策人不能及时感知这种情况，但能够及时感知变化的员工，又不具备决策权，这种模式就会变得非常危险。

而 OKR 则能够很好地打破这种官僚层级的束缚，实现更为灵活的工作形式。从本质上来说，OKR 倡导的是自下而上的目标制定方式，在这种模式下，员工往往具有更多的自主权，也能够更充分地参与团队目标的制定，并且更愿意为了实现团队目标而努力。

具体来说，在 OKR 绩效管理模式中，企业的每个团队都有一部分确定的 OKR，这是团队承接企业战略分解后必须要完成的 OKR。这部分 OKR 在和团队交流之后会被集中存放到一个被命名为 OKR 集市的公共平台上，在这个平台上，员工可以自由地挑选自己感兴趣的 OKR 实施。

在这个过程中，负责管理平台上的 OKR 的主管，主要会负责两方面的工作。一是 OKR 仲裁。如果出现了多人认领同一个 OKR 的情况，管理者就会根据员工的准备度，把 OKR 优先分配给准备度高的员工去实施。二是 OKR 清仓。如果一个 OKR 始终没人认领，那么管理者需要根据忙闲原则，将 OKR 分配给特定的员工，来确保所有 OKR 都被执行，最终达成组织目标。

前面说过，被放置到 OKR 集市的 OKR，都是团队里已经确认过的，那么，那些没有确认的 OKR 又怎样处理呢？很简单，那些不确定的 OKR 通常会由员工申报给主管，主管再根据企业的战略方向进行综合把控。通常来说，只要这些不确定的目标同团队的战略在大方向上保持一致，主管一般都会鼓励员工做一些积极有益的探索，因为这些探索很有可能是一个大创新的开始。

最后，我们通过图 2–9 一起来更直观地感受一下传统绩效管理与 OKR 绩效管理的不同之处。

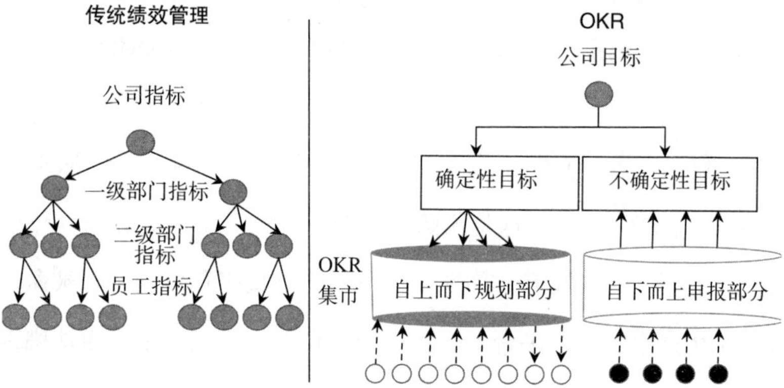

图 2–9　传统绩效管理与 OKR 下的目标制定方式对照

总之，在 OKR 模式下，企业能够实现更为灵活的工作形式，和传统的绩效管理模式相比，它的好处主要体现在以下两方面。

一是从“要我做”到“我要做”的转变。管理者和员工都会围绕OKR集市来开展工作，不过，员工不需要等待主管分配工作，而是可以根据自己的能力和兴趣选择合适的OKR去执行。简言之，OKR不是强制分配的，而是员工主动认领的，这便在一定程度上提升了他们的自主性和主人翁精神。

二是组织层级扁平化。从员工的角度出发，他们只需要关注OKR集市上的变化即可，这样就会让他们认为，企业似乎只有两种结构，即直接主管和员工。如果有更高层级的主管想要派发任务，他只需要在OKR集市增加一个OKR，这和直接主管的角色没什么区别。因此，在OKR开展一段时间后团队成员会发现，主管可以不必在繁杂的任务协调中再花费过多的时间，而是可以把更多的时间和精力运用于更有意义和价值的工作。这样一来，主管的角色从管理者变成了服务者。

员工更加敢于挑战自我

通常，OKR在开展初期效果并不明显，通过对我曾经辅导过的企业的真实情况进行统计，我发现，最初大约只有1/10的员工会主动制定挑战性目标。这是因为，在引入OKR的初期，很多员工对这一变革仍然会持观望态度。

不过，随着OKR的不断深入开展，在员工逐渐熟悉并理解了OKR的绩效管理逻辑后，他们的疑虑就会打消，此时，愿意制定挑战性目标的员工就会越来越多。统计数据显示，在OKR开展的约第三个周期后，团队中敢于制定挑战性目标的员工比例会大幅度提升，平均会达到 30% 左右，这个值在后期会趋向于稳定，详情如图 2–10 所示。

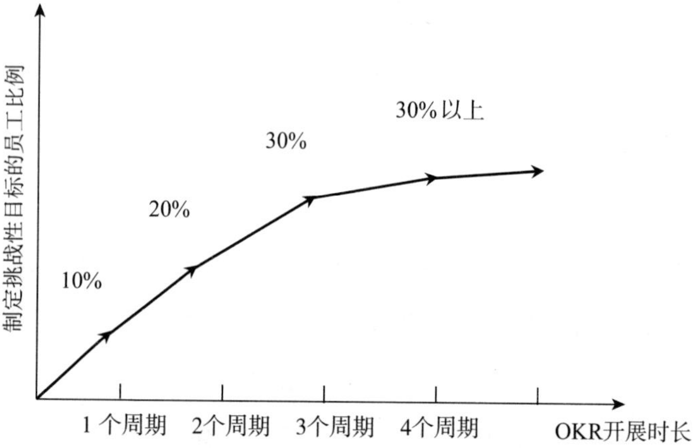

图 2–10　目标挑战性随 OKR 开展时间的演进

从图 2–10 中我们不难看出，OKR 所带来的一个显而易见的改变就是它成功点燃了企业中积极性和主动性相对较高的那部分员工的工作热情。在 OKR 的绩效管理模式下，敢于挑战自我的员工比例增多了，主动思考的员工比例也增多了，相应地，被动等待分配工作的员工比例减少了，并且团队氛围更倾向于相互合作，团队在打破独狼文化的同时，也形成了社区协作文化。

对员工绩效的促进

OKR 的一个优势在于，其公开透明的特点能够让员工查阅企业所有人的 OKR，包括主管的以及周边同事的。

我们都知道，在传统的绩效模式下，员工一般只会关注主管的目标，这一习惯在 OKR 开展的初期表现得也很明显：尽管已经被告知其他人的 OKR 都是公开的，大多数员工也不会主动查阅相关同事的 OKR。造成这种情况的主要原因便在于传统绩效管理 2.0 模式中，员工相互不信任是常态，他们并没有查看其他人工作目标和工作计划的习惯。

不过，随着 OKR 的不断开展，这种局面就会得到很好的改善。根据我的经验，一般在两个周期之后，员工就会逐渐改变自己的习惯，转而开始关注与自己工作相关的同事的 OKR。

这种转变带来的好处主要体现在两方面：一方面，员工之间的了解更多了，合作也更愉快了；另一方面，通过查阅他人的 OKR，员工也能够从他人的工作中获得启发，从而让他们更好地胜任自己的工作。

更公正的绩效评价

在传统绩效管理模式下，管理者一般会根据自己的判断把相对重要的工作交给自己认为工作能力强的员工，并把那些不太重要的工作交给能力相对不足的员工。而到了绩效评估的阶段，那些负责重要工作的员工自然贡献值就更大，绩效也更高；那些负责了不重要工作的员工则会因为贡献值相对较小，获得较低的绩效。

毋庸置疑，这样的分配方式显然是有失公允的。而 OKR 则能够很好地打破这种固定分配的格局。我们在前文中就已经提到过，在引入 OKR 后，团队的任务将被放置于公共的 OKR 集市上，每个人认领机会都是平等的。在这个过程中，员工需要做的就是不断提升自己的能力，让自己的能力与任务的难度相匹配，这样他们就能完成更多重要的任务。如此一来，在绩效评估时，他们自然就能获得更高的绩效。

组织氛围的提升

华为曾经对 OKR 试点团队与非 OKR 试点团队在组织氛围方面进行了对比，对比结果显示：OKR 试点团队各个维度的综合评分均远远高于非 OKR 试点团队，特别是在信息公开透明、成长与发展、周边协同以及工作自主性这 4 个维度上，OKR 试点团队与非 OKR 试点团队的差异最显著。这也就意味着，OKR 对于提升组织氛围是非常有帮助的。

领导力的改变

在辅助企业实施 OKR 的过程中，我曾经问过不同企业的多名管理者相同的问题：你认为 OKR 和之前的绩效管理有哪些不同？

结果我发现，大多数的企业管理者都认为，OKR 绩效管理与传统绩效管理最主要的差异在于敏捷、公开透明以及自下而上、目标和评价解耦这 4 个方面。并且，当我让他们再重新选择一次 OKR 或者以前的传统绩效方式时，他们中的绝大多数都仍然选择了 OKR。很多主管表示，OKR 转变了团队的氛围，同时也改变了树状的管理方式，给员工增加了更多的自主性；OKR 简化了很多流程，使得团队的目标能够根据现实情况变化，同时也能给员工调整目标的机会。通过这些我们可以发现，管理者已经接受了 OKR 所倡导的敏捷、自主、公开等理念，并且已经充分体验到了 OKR 带来的好处。

以上我们列举了 OKR 可能会给企业带来的 6 个方面的积极影响。总之，如果在进行绩效管理的过程中，你发现传统的绩效管理 2.0 对你的企业似乎也正在失去效用，那么，我的建议是你不妨尝试一下 OKR，说不定，这种全新的绩效管理方式会带领你走出正深陷的绩效管理迷局。

OKR 如何再造绩效管理

通过对前文的学习，相信大家对于 OKR 的价值和意义已经有了进一步的认识和了解，也更坚定了要进行绩效管理变革和引入 OKR 的信心和决心。那么接下来，我们要弄清楚的问题就是，OKR 究竟是如何再造绩效管理的呢？换言之，OKR 又该如何进行？

从本质上来说，OKR 其实是一种操作性很强的目标管理方法，基础是激发内在动机。这也就意味着，要想通过 OKR 再造绩效管理，我们的努力方向就应该是通过实操去激发员工的内在动机。

在现实的操作中，我见过许多企业即便是在引入 OKR 后，也依然摆脱不了“胡萝卜加大棒”的激励理念，最终十分惋惜地将 OKR 用成了 KPI，这无疑就违背了再造绩效管理的初衷。

那么，企业如何才能避免这种问题，真正用好 OKR，促进绩效管理的变革呢？答案其实很简单，那就是采用一种端到端的实操方法去制定和实施 OKR。归纳起来，这种端到端的 OKR 实操方法主要包含以下几个关键步骤，如图 2–11 所示。

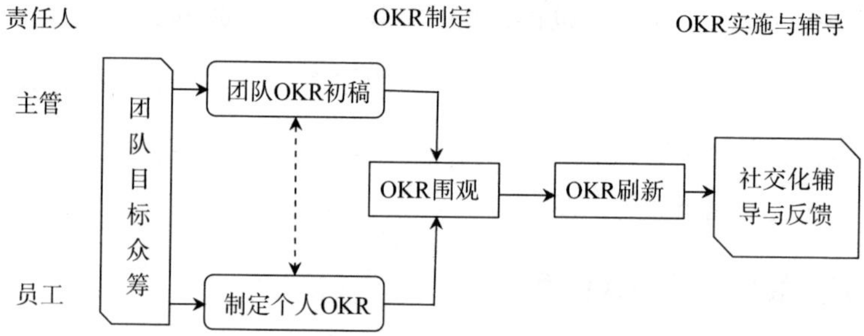

图 2–11　OKR 制定与实施的关键步骤

下面我们就一起来探讨一下 OKR 制定与实施的几个关键步骤。

制定团队 OKR

OKR 制定与实施的第一个关键步骤就是团队 OKR 的制定。不过，在介绍团队 OKR 制定的方式之前，我想首先请大家思考一个问题：制定团队 OKR 真的有必要吗？

制定团队 OKR 真的有必要吗？

在 OKR 的日常运营中，相信很多人都会有一个疑问，即团队目标和个人目标到底哪个更重要？团队目标能不能取代个人目标？

马克思主义哲学曾经提道：事物的现象是其外在的表现形式，它可能是正确的，也可能让大家误以为是正确的，因为我们对现象的认识都是感性认识；本质是事物的内在属性，我们对它的认识是理性认识。我们在认识事物的时候一定要从感性上升到理性，才能从中找到本质，找到正确的结论。

找事物的本质，也就是找第一性问题。亚里士多德曾经说过，在探索每个系统的过程中都存在第一性的问题。第一性是不能被省略和删除的，也是不能被违反的。所以，要想回答上面的问题，我们就要去弄清楚团队的第一性到底是什么？在我看来，当团队的目标和个人的目标南辕北辙的时候，一切的努力都可能白费，而只有当个人的目标和团队的目标高度融合，大家的劲儿往一处使时，团队绩效才能得到跨越式的提升，并且超越在其他目标条件下的团队绩效。这也就意味着，一个团队的最佳绩效一般出现在员工对个人的目标和团队的目标都高度重视，并且对团队目标的重视程度要更高一些的情况下。

总结我过去的工作经验，我发现，在一个企业里，如果个人英雄主义观念盛行，那么团队的表现往往是最糟糕的。如今，很多企业也逐渐意识到了这一点，因此它们会反复强调团队中不能有个人英雄主义的存在，并试图在以自我为中心的个人目标之上增加一个团队的目标。

不可否认，这样的做法确实要比单纯以自我为中心的个体目标对团队的影响要好一些，但也存在这样操作下的绩效表现，有时候还不如不设置任何目标场景的现象。也正是因为这样，很多团队便认为个人目标是没有存在价值的，只要推团队目标就好了。

只是，现实的经验告诉我们，仅仅有团队目标依然不能获得最佳的绩效表现，只有当员工们在采用团队目标的同时，也制定以团队目标为中心的个人目标时，才能形成最佳的策略组合。

因此，在制定 OKR 的时候，企业既不能忽视团队目标的重要性，也不能忽视个人目标的重要性，我们应该努力做到将个人的目标引导到团队的目标上来，让个人既能看到自己的目标，也能清楚地知道自己对团队的贡献度，一切围绕团队的目标来开展工作。

团队 OKR 的制定方法

弄清了团队 OKR 的重要性和必要性后，接下来我们要思考的问题就是：团队 OKR 应该如何制定呢？

说到这里，大家不妨先回想一下，在你的企业中，大部分的工作场景是否也是这样的：每周一来公司之后，员工就会等待着上司安排工作。因为员工不知道公司正在进行什么项目，哪些工作其他同事已经完成了，哪些工作还没有开始；也不知道提交上去的方案到底还执不执行，是由自己一个人执行还是团队一起来执行。这种现象说明，如今在许多企业中，团队的目标都是从顶层逐渐分解下来的，下属只要执行就好了。这似乎是很正常的事情，上级负责思考要做什么，下属负责做，下属的执行效果决定了上级的 KPI。

也因为这样，团队的目标到了员工那里就变成了单纯的工作指标，就像建造第一跨海大桥的目标，到了基层就成了搬砖。然而，内在动机逻辑告诉我们，当一个人心中只有搬砖，而失去了做事的价值和意义时，他一并失去的往往还有自主做事的意愿，即内在动机。而当基层员工习惯了把工作当任务时，企业管理者就只好采取“胡萝卜加大棒”的方式去督促员工工作。

OKR 则完全不同，它主要通过自下而上的方式来制定团队目标。这种类似“众筹”的目标管理法最早被谷歌所使用，后来被不少企业复制，其有效性和普适性都得到了许多企业的验证。

在具体的实操上，OKR 众筹一般是在集体会议上完成的，团队主管会召集所有的团队成员，通过自由讨论的方式一起讨论出下一个阶段团队要完成什么目标，做好哪些工作，OKR 指标怎么设定等。

整个过程主要包括 5 个步骤。

（1）分析成绩与差距，制定下一步工作方向

团队主管分析过去工作所取得的成绩和差距等情况，给出下一步工作的主要方向。团队主管分析完之后，就会向大家征集意见，了解大家的疑问。当大家提出疑问的时候，团队主管要负责回答所

有的提问，确保团队所有的成员都能认可这份报告。这么做也为团队后期的讨论奠定了基础，避免在各种漫无边际的讨论中浪费时间。

（2）团队进行目标众筹

让每个团队成员结合公司的目标、个人工作职责和个人的兴趣，提出下一步团队要完成哪些工作，以及如何改进自己的工作以提高 OKR 的完成率。在众筹阶段，每个团队成员需要贡献 1~2 条团队 OKR，每个主管也需要在这个阶段提供 1~2 条 OKR。

（3）收集所有 OKR 并阐述其价值，选出团队 OKR

团队主管将所有的 OKR 收集起来，并罗列出来让每位提交人阐述这条 OKR 的价值和对团队工作的意义，让其他团队成员能充分了解其提出这条 OKR 的理由。在所有人分享完之后，所有团队成员开始投票，选出自己心中认为的最重要的 3~5 条 OKR。这些被选出来的 OKR，便是团队最终的 OKR。

（4）将选出后的 OKR 交由领导审批

团队主管在综合大家的意见之后，将最终确定的 OKR 提交给上级领导，等待上级主管的审批。

（5）定稿后向团队成员正式公示

如果上级有修改意见，团队主管可以进行统筹，或者重新召开讨论会。发生了变化的部分一定要和团队进行充分的沟通，最终形成定稿之后，向团队所有正式成员公示。

这是比较典型的团队 OKR 众筹做法，在实际的运行过程中，也会时常出现耗时很长、团队反复讨论也确定不下来的情况，为了加快制定 OKR 的进度，我们也可以将团队分成几个小组，将工作内容相关的人分为一组或工作类型相同的人分为一组的方式来进行讨论。比如，你的团队一共有 20 个人，其中有 5 个员工负责 A 产品线，5 个员工负责 B 产品线，3 个员工负责 C 业务，其余 7 名员工负责 D 业务。那么你就可以将他们分为 4 组，负责一个产品线的员工就分在同一组进行讨论。这样原来 20 个人的团队就分成了 4 个小团队，每个小团队负责 3~5 个 OKR 的输出，最后团队主管组织投票，选出最重要的 3~5 条整体团队 OKR。

从这个案例中我们可以看出，这种新的模式流程几乎和 OKR 众筹的通行模式一样，这里只是把大团队换成了小组，然后将小组的意见综合起来就可以了。

在 OKR 众筹中，每个人都参与了团队目标的制定，虽然你提出的 OKR 目标或许没有被团队采用。这种方式的好处在于，团队的目标不再由管理者拍脑袋制定，而是凝结了团队成员的集体智慧，由团队成员统一商定得出。如此一来，之前只有顶层才知道的公司目标现在全公司都能够非常清楚，员工的共识度和参与感都会得到极大的提升。

制定个人 OKR

在前文中，我们已经强调过，仅仅有团队目标或者只有个人目标，都不能让团队发挥出最好的水平。只有将团队目标与以团队为中心的个人目标有机结合时，才能让团队的绩效表现达到最好。因此，我们在了解了制定团队目标的步骤之后，也不能忽视个人目标。

那么，如何制定个人 OKR 呢？

一般来说，在员工制定个人 OKR 时，应该思考的问题是如何以个人的 OKR 来承载团队的 OKR。而且，因为有团队的 OKR 作为基础，个人 OKR 的制定会变得相对简单。具体来说，个人 OKR 制定流程如图 2–12 所示。

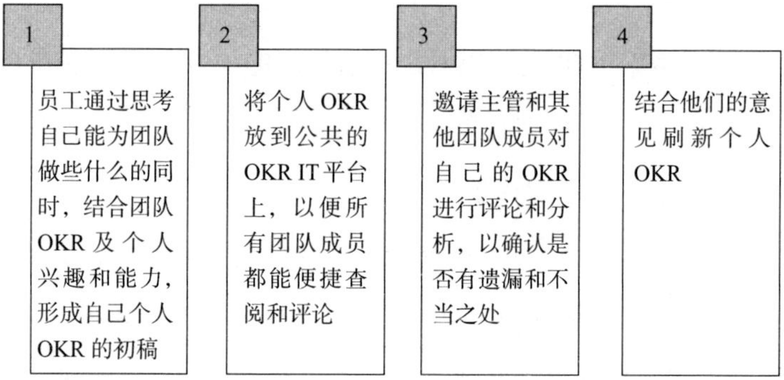

图 2–12　个人 OKR 制定流程

当然，这个步骤并不是完美的。OKR 公开透明的特征可能会让图 2–12 中的步骤 3 和步骤 4 产生例外。例如，员工甲在制定自己的 OKR 后让团队的其他成员进行评论，但由于此时其他成员并没有考虑清楚该OKR会对自己产生何种影响，暂时无法给出意见。在过了一段时间之后，员工乙认为甲的 OKR 中不合理的地方会影响自己的 OKR 的达成，并且将他的想法告知甲，甲在接收意见过后及时修改了自己的 OKR。

那么，个人 OKR 的制定方法与传统的个人目标的制定方法又有什么不同呢？如果我们把个人 OKR 的制定方法与传统的个人目标的制定方法放在一起对比，就能发现二者的差异了（见图 2–13）。

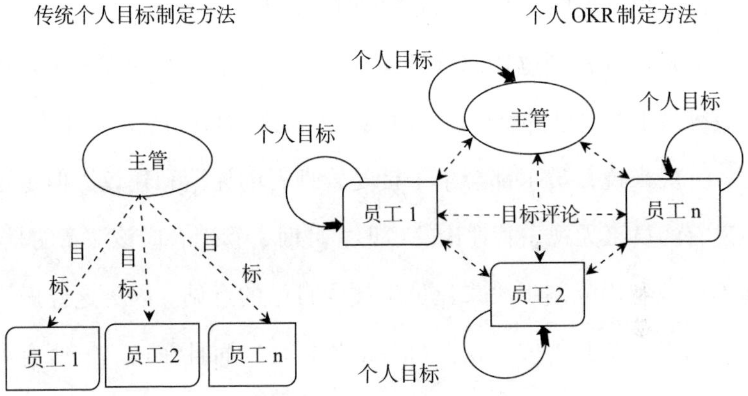

图 2–13　传统个人目标制定与个人 OKR 制定

从图 2–13 可以看出，如果我们采用传统方法来制定目标，那么员工的目标都是由主管来指派的，因此员工只能被动地接受并且执行。这样一来，员工并没有理解目标的深层含义以及完成目标能够产生何种价值。

但是 OKR 不一样，在 OKR 的模式下，员工的目标是自己制定的，当然这个目标并不是随心所欲地制定的，而是以团队的

OKR 为基础的。除此之外，员工的 OKR 要接受团队成员的评论，吸收其中有价值的建议。

这个变化虽然不起眼，却具有建设性的意义。对于员工来说，目标由强制分配转为自主制定，并且其他人的建议也是自主采纳，这不仅增加了员工自己制定 OKR 的主人翁意识，也提升了他们对目标的承诺感，有助于激发他们的工作热情，使其能够全力以赴地完成目标。同时，从外在驱动到内在驱动的转变也极大提高了员工的工作自主性，无须管理者的时刻督促。

但是这种权利也让部分管理者产生了忧虑：这种方式是否过于放纵员工？自己的意见还能对员工不合理的目标产生影响吗？

一般来说，员工都会乐于接受管理者的评论和建议，但是也不乏有的员工无视主管评论的情形。此时，管理者应该注意的是，你不应该利用强制手段来让员工接受自己的意见。因为这样做不仅不利于团队其他成员发挥自身的创造性，而且在这之后所有人都不会违背管理者的意愿，OKR 会形同虚设。

那么，管理者应该怎么做呢？这时，主管不妨给予员工一定的自主权和时间，让员工有机会去尝试，也许这就是一个创新的机会。

OKR 的围观与刷新

围观在 OKR 的制定和实施过程中是一个非常重要的环节。团队 OKR 和个人 OKR 都需要在制定完成后被录入一个公共的 OKR IT 平台，这样就能让其他成员查阅和评论。录入的过程与我们在日常生活中在社交平台上发布动态是一样的。值得注意的是，在公开场合发布信息代表的是一种承诺，因此这个过程能够明显增强员工对 OKR 的承诺感。以团队 OKR 为例，当团队制定好 OKR 的初稿并且成功录入平台之后，团队主管就会发起围观请求，邀请所有相关团队的成员来对团队 OKR 发表自己的意见。

不过，由于团队 OKR 是由团队成员共同参与制定而来的，因此成员对团队 OKR 不会有很多意见，这时团队主管就应该重点关注团队外部人员的评论，尽可能地保证每个相关人员都能参与进来，来获得足够的意见以及支持。

个人 OKR 也是如此，员工在制定初稿并且录入 OKR IT 平台之后，也需要发起围观请求来邀请有关人员对自己的 OKR 发表评论。

在这个过程中，主管应当尽可能地营造畅所欲言的氛围，鼓励团队成员相互评审和评论，来进一步增加成员之间的交流和了解。同时，主管应该让员工先发言，最后自己做评论或者总结。否则，主管在发表意见之后，即使其他成员有不同的想法也会迫于心理压力不会表达出来，这样不利于团队的发展与进步。

总结我过去辅导企业开展 OKR 变革的经验，我发现，在 OKR 开展的初期，虽然 OKR 默认全体公开，但是大部分 OKR 的浏览量都很少，除了主管和员工自己几乎没有其他人浏览过。这说明，相互评论、畅所欲言的交流氛围不会自发形成，而是受团队氛围的影响。而且，通过进一步的分析我们发现，主管给予了较大自主权的团队交流氛围更好，团队成员经常发表自己的意见，而那些主管偏向于控制的团队，团队成员通常习惯于服从和执行，并且会尽可能地隐藏自己的意见，交流氛围比较差。

因此，当你发现自己的团队评论氛围比较差的时候，他们也许是受到了团队氛围的影响。这时主管应该反思自己管理团队的方法是否存在不合理的地方，自己平时的表现是否影响了团队成员的表达欲望。

OKR 执行的社交化辅导与反馈

在整个 OKR 的制定和执行周期内，因为 OKR 是公开的，所以在整个过程中所有成员都会参与其中，并且对 OKR 的进展发表自己的意见，这个过程就叫作社会化辅导。它和传统的主管与员工一对一辅导的方式有明显的不同，一对一辅导采取的是主管直接对单个的员工进行单向辅导，所以整个过程一般充满了压力，在接受辅导的过程中，员工通常也会表现得不自然。这就和现如今许多人都不愿意当面和主管沟通，而喜欢用微信沟通是一样的道理。归根到底，这都是源于人性对社交的自然需求。

关于这一点，我们可以从下面这个案例中一探究竟。当年，美国全国广播公司（NBC）重金买下了奥运会的转播权，然而，

2016 年里约奥运会在黄金时段转播之后，数据非常难看，较伦敦奥运会的收视率下降了近两成，相反，那些通过网站和 App 观看赛事的用户数却呈直线上升。这意味着，其实并非年轻人不再关心奥运赛事，而是他们的社交需求发生了变化，相对于电视直播的单向传播，他们更喜欢可以充分互动的微博、微信、脸书等社交软件。

所以在进行 OKR 执行的辅导与反馈时，我们不能单纯地依赖主管的单一辅导，而应该集中大家的智慧，让更多一起工作的同事参与到辅导的过程中，实现社交化辅导。俗话说“三人行必有我师”，要知道，建立一个强大的社交化辅导网络，才能更好地实现团队协作，创造更大价值。

全球知名的大数据专家、“可穿戴设备之父”、麻省理工学院人类动力学实验室主任亚历克斯·彭特兰（Alex Pentland）曾致力于研究团队的内驱动力多年，他发现，鼓励协作能带来的价值是激励个人所能带来的价值的 4 倍。这意味着，如果高绩效团队内部能够具备高度的协同性，那么它所产生的价值收益将高于那些仅有少量强协作关系的团队。

彭特兰曾经做过一个试验，证明了他的观点。这个著名的试验就是轰动一时的 2009 年 DARPA（美国国防部高级研究计划局）红气球挑战赛。DARPA 红气球挑战赛是当时为了庆祝阿帕网成立 40 周年，DARPA 组织策划的一次活动。在活动中，组织者将 10 个红色的气球放在美国 10 个未公开的位置，谁最先发现这 10 个红色气球的具体位置，无论是团队还是个人，都能得到 4 万美元的奖金。当时，主办方举办这次活动的目的是测试在紧急情况下，比如灾后搜救时，如何通过互联网和社交网络找到最短时间内解救更多人的办法。

那次活动中，包括亚历克斯·彭特兰的团队在内的参赛团队共有 4 000 多支，为了能够激励组员，大部分团队都设计了这样的激励制度：在组员找到一个红气球之后，团队就会给他一定的奖金。

然而，最终取得了胜利的彭特兰的团队却没有这样做，他们采取的激励策略是在激励个体的同时也激励关系。比如，他们团队里的戴夫是第一个找到红气球的人，所以团队给他 2 000 美元的现金奖励；戴夫是卡罗尔推荐的，卡罗尔也得到了 1 000 美元的推荐费；卡罗尔是鲍勃推荐的，鲍勃也拿到了 500 美元的推荐费，艾丽斯推荐了鲍勃，她也拿到了 250 美元的推荐费。

最终，这套激励政策激励了 4 400 人加入彭特兰的团队，参与者自发帮助他们寻找红色气球的位置。这 4 400 人中有 1/3 身处国外，但是他们通过社交网络动员自己在国内的亲人一起参与活动，就这样寻找目标的时间就被大大地减少了。

找到 10 个红色气球可以获得 40 000 美元奖金，那么发现 1 个气球就是 4 000 美元，按照刚刚的奖励机制，2 000+1 000+500+250 一共才 3 750 美元，还剩下 250 美元可以捐给慈善机构。

这种奖励模式看起来有点像传销的模式，却更公平地激励了每一个个体，只要能听到炮火声就能分到可观的战利品，团队成员也会积极将寻找红色气球的信息分享给其他人，让更多的人加入去搜索红色气球位置，因为大家不会担心因为别人找到了红色气球的位置而导致自己失去拿到奖金的机会。也因为这样，团队的协作性得到了极大的提升。

同时，这个工作本身还很有意义。只要团队拿到奖金，就有一部分资金会冲入慈善机构的账户，就像大家每天拼命走路通过支付宝种树一样。这种外驱动力和内驱动力相结合的激励政策，让个体间的协作达到了最大。

从这个实验中我看可以看出，团队的力量是非常大的。一个高绩效的团队一定是团队协作最充分的团队，它的模型和彭特兰团队的激励模型惊人的相似（见图 2–14）。

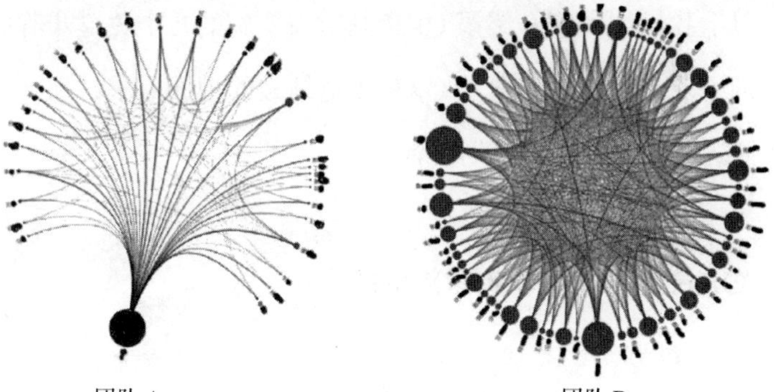

图 2–14　高绩效激励模型

图中的球代表团队成员，球越大说明团队成员间协作的总量越大，也就是团队越活跃，团队成员间的协作性更好。圆球之间的连线代表团队和团队之间的协作，线条越粗说明团队与团队之间的协作越紧密。

团队 A 是非常典型的传统指令型组织，最大的圆球是老板，老板发出指令，然后由主管负责辅导，团队的成员之间只有简单的协作，团队和团队之间的协作也不多。团队 B 的氛围就要好得多，他们是全员连接和协同的，在图中的大圆是 OKR 的活跃“粉丝”，同时团队与团队之间、团队中的个人与个人之间都有着紧密的联系。可以预见，团队 B 的工作效率会高得多，其潜力的释放程度也要远高于团队 A。

因此，我们在企业的 OKR 日常运营之中，也要注意将传统的一对一辅导转化为社交化辅导的模式上来，通过更充分的活动和协同来激发团队的潜力，使团队的绩效不断得到刷新。

以上我们为大家介绍了 OKR 制定与实施的几个关键步骤，如果你的企业或团队也有通过 OKR 再造绩效管理的需求，那么你不妨按照这几个步骤好好筹划一番。

制定 OKR 目标，初学者常常犯的错

在前文中，我们已经介绍了 OKR 与传统绩效管理的异同，OKR 对企业绩效管理的价值和意义，以及 OKR 再造绩效管理的关键步骤。我们都知道，OKR 源自英特尔，在谷歌全面推行并且发扬光大。如今，经过不断的发展与完善，它已经成为脸书、领英等大多数硅谷企业都采用的管理体系，很多寻求创新或者转型

的中国企业也正在尝试导入 OKR。

事实上，OKR 理解起来并不困难，不过，在实施过程中，我们除了要长期坚持外，最重要的是，能够完美地避开那些“坑”，不要犯初学者常常犯的错。

那么，在本节的内容中，我就将通过实际的案例，为大家指出在引入 OKR 时，许多初学者都会犯的一些常规错误，希望大家能够引以为戒。

错误 1：OKR 的设置不符合实际情况

案例一：A 公司是一家刚成立不久的手游公司，在引入 OKR 绩效管理制度后，A 公司为自己设置了这样一个 OKR。

O：打造世界级手游公司

KR1：月流水过亿

KR2：年净收入 5 000 万元

KR3：用户数量 2 000 万

KR4：成功推出一款手游产品

在这个案例中，A 公司作为一家刚成立不久的初创公司，在没有产品的情况下，提出要打造世界级手游公司的愿景，从目标制定的角度来说是没有问题的。并且，如果在不考虑市场环境、公司具体情况等诸多外在因素的情况下，这个 OKR 的关键结果也是没有问题的。

然而，之所以把这个 OKR 作为错误示范拿出来分享，原因便在于当 A 公司的背景是刚成立不久的时候，这种 KR 的设置就是不合理的。试想一下，作为一家刚成立不久的公司，A 公司可能连一款手游产品都没有，在这一情况下，该公司又怎么可能在 6 个月的时间做到月流水过亿、年净收入 5 000 万元、用户 2 000 万呢？更何况，一款手游的策划、制作周期再怎样压缩也需要一年半载，产品可能还未面世，A 公司的考核时间基本上就已经到了。

综上所述，A 公司的这个 OKR 的制定其实是非常失败的，它严重不符合公司的实际情况。这个案例也给我们提出了一个警示，那就是在引入 OKR 绩效管理模式的时候，我们首先要把握的一个原则，就是你所制定的 OKR 一定要符合公司的实际情况。

那么，根据这个原则，我们就可以对这个 OKR 进行如下的修改。

O：打造世界级手游公司

KR1：成功推出一款手游产品

KR2：加强宣传，提高知名度

KR3：组建优秀的研发团队

可以看出，修改后的 OKR 的每一条 KR 都是贴合实际的，这样的 OKR 才是合格的。

错误 2：部门 OKR 的设置照搬公司 OKR

案例二：B 公司是一家软件开发公司，在引入 OKR 之后，B 公司为自己制定了这样一个 OKR。

O：提升产品知名度

KR1：举行一场产品发布会

KR2：注册用户突破 5 000 万（新增 1 000 万）

KR3：与 100 家渠道商合作

与此同时，B 公司下属的市场部也为自己设置了一个 OKR，详情如下。

O：提升产品知名度

KR1：举行一场产品发布会

KR2：注册用户突破 5 000 万（新增 1 000 万）

KR3：与 100 家渠道商合作

从这两个不同级别的 OKR 中我们不难看出，B 公司市场部制定的 OKR 实际上是对 B 公司 OKR 的照搬照抄，而这种将公司的

OKR 目标直接拿到部门来用的做法，也是许多企业在引入 OKR 的过程中经常会犯的错误之一。

回到这个案例中，从市场部的角度来说，它可以做到的是提升注册用户数量、与 100 家渠道商建立合作，但是产品发布会一般都是在有新产品需要发布的时候才会召开的，这说明，当 B 公司市场部在制定 OKR 的时候，他们对于公司现阶段的情况并不了解，也正是因为这样，他们才选择了照搬照抄公司的 OKR。而通过这样的方式制定出来的 OKR，显然是无效的。

那么，正确的做法应该是怎样的呢？很简单，在制定 OKR 的过程中，当 B 公司市场部的负责人看到公司的 OKR 目标之后，应该重点关注该 OKR 中与自己部门关系最密切的部分，然后再以公司级的 OKR 为对标，制定出最适合自己的部门级 OKR，并且，这个部门级的 OKR 一定要能够对公司级的 OKR 的实现产生一定贡献。

由此，我们就可以将 B 公司市场部的 OKR 做如下的调整。

O：新增用户 1 000 万

KR1：新增渠道合作商

KR2：大面积投放广告

KR3：举办活动（送装备，送道具等），吸引用户

经过这样的调整后，OKR 就比较合理了，它既符合 B 公司市

场部的实际情况，也与 B 公司的 OKR 实现了联结，能够为 B 公司 OKR 的实现起到实际的作用。

错误 3：上下级目标不一致

案例三：C 公司是一家成熟的大数据公司，在引入 OKR 之后，C 公司为自己制定了这样一个 OKR。

O：大数据 2.0 模型产品站稳市场

KR1：5 月 30 日之前产品上线

KR2：100 个核心用户开始使用 2.0 产品

KR3：2.0 产品满意度 80% 以上

与此同时，C 公司下属的销售部也为自己制定了部门 OKR，详情如下。

O：一季度 1.0 模型产品销售额突破 1 000 万元

KR1：做好客户回访

KR2：通过培训和电子邮件，获得 500 个销售线索

KR3：在营销数据库中添加 1 000 个联系人

从 C 公司设置的 OKR 中不难看出，C 公司目前应该是把所有

的目标都聚焦在了 2.0 模型产品的推广和销售上，然而，在公司主推 2.0 模型产品的时候，作为公司的主力军，销售部门设置的 OKR 聚焦的却是 1.0 模型产品的销售和推广，这无疑与公司的目标是相违背的。

在前文中，我们已经不止一次地强调过，企业引入 OKR 的一个重要原则就是要保持企业上下目标的一致性，因为只有这样，企业的全体员工才能够真正做到心往一处想、劲往一处使，从而推动企业更好地向前发展。

那么，遇到了这种目标上下不一致的情况后，又该怎样处理呢？很简单，部门围绕企业的 OKR，以企业的 OKR 为标杆，重新调整自己的 OKR，让其与企业的 OKR 始终保持一致，并且保证自己的 OKR 对于企业 OKR 的实现是具有重要的推动作用的。

在这里，我们之所以强调当部门级 OKR 和企业级 OKR 不一致的时候，部门应该调整自己的 OKR 去适应企业的 OKR，是因为不管在任何情况下，企业所有 OKR 的制定，不管是部门级的 OKR，还是员工个人级的 OKR，都必须以企业的 OKR 为基准。

具体来说，我们可以将 C 公司销售部的 OKR 做如下的调整。

O：驱动产品推送 2.0 版本

KR1：首月取得 1 000 次下载

KR2：确保客户、合作伙伴和经销商获得必要的常见问题

培训

KR3：截至 4 月底完成发文和竞品定位

KR4：截至 4 月底完成定价、折扣以及商标批准

KR5：截至 5 月中旬，制作培训视频、数据表格以及营销文档来支持销售和客服团队

如此一来，这个 OKR 相对就比较标准了，企业上下的目标也能够保持一致了。

看完以上的三个案例，相信大家对于在制定 OKR 的时候初学者经常会犯的一些错误已经有了一定的了解。最后我要强调的是，在实际的 OKR 实操中，初学者还必须注意两方面的问题（见图 2–15）。一是 OKR 的目标要有高度，但不能过于宏大。在前面的内容中我们已经提到，目标一定要有前瞻性，如果团队轻易就能做到，就说明目标制定得过于简单。但是，目标要有高度，却也不能太高。因为过高的目标无异于“海市蜃楼”，不仅容易落空，还容易挫伤员工的积极性。

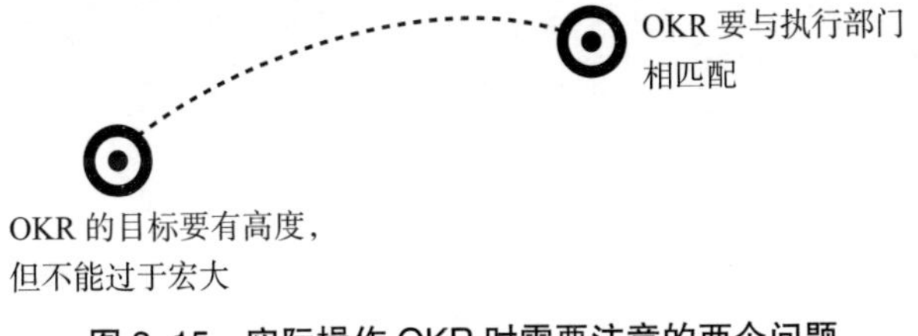

图 2–15　实际操作 OKR 时需要注意的两个问题

二是 OKR 要与执行部门相匹配。你要始终牢记一点，公司目

标和部门目标不是简单的对等关系，也不是简单的拆解关系，一定要结合部门的实际，聚焦到最核心的目标上。

总之，作为初学者，在 OKR 目标的制定上出现这样和那样的问题是很正常的，而本节所列的也都是一些比较典型的问题，希望大家能够引起重视，真正做到未雨绸缪、引以为戒。

第3章 OKR实施前的准备

俗话说，不打无准备之仗，在正式实施OKR之前，我们首先要做好充足的准备工作，具体来说，OKR实施前的准备工作主要包括想清楚为什么要实施OKR、获得老板和高管的支持、设置OKR周期、选择OKR实施层面和挑选OKR执行软件这5个方面的内容。

想清楚你为什么要实施 OKR

在对OKR有了基本的了解后，接下来就到了OKR的正式实施阶段了。俗话说，不打无准备之仗，在正式实施OKR之前，我们首先要做好充足的准备工作。而在这个过程中，最关键的就是你必须清楚地知道你为什么要实施OKR。只有明确了这一点后，你在实施OKR的过程中，才能真正做到有的放矢、精准有效。

为什么要开展 OKR？

在回答为什么要开展 OKR 这一问题之前，你不妨首先回顾一下，你的企业在发展的过程中，是否遇到过类似的情况。

企业的使命、愿景、价值观并没有落到实处，而只是作为口号或标语被贴在了墙上，变成了一种装饰品；

企业战略只有高层知晓，而中层和基层员工并不清楚，甚至连高层之间都没有就企业战略达成一致，而企业员工对于企业目标以及企业制定企业目标的原因都没有概念；

企业缺乏统一的量化和评价标准，在制定企业目标时，全凭感觉定夺；在评价和考核目标的时候，也都是靠感情、靠关系、靠感觉；

企业目标管理不及时，绩效管理周期与业务周期严重脱节……

通过自检，如果你发现在你的企业中也存在上述问题，那么，你就可以考虑实施 OKR 了，因为这些问题都可以通过 OKR 完美解决。

OKR 凭什么能帮助企业解决问题?

在前文中，我已经给出了开展 OKR 的原因和理由，用一句话概括就是，OKR 能够帮助企业解决问题，开展 OKR 是为了弥补传统绩效管理的不足，使企业的绩效管理达到更高的水平和取得更好的成绩。那么，这一切又是怎么做到的呢？或者说，OKR 凭什么能够带来上述的价值呢？

要回答这一问题，我们不妨从 OKR 自身具备的特征说起。归纳起来，OKR 主要具有四大显著特征，如图 3–1 所示。

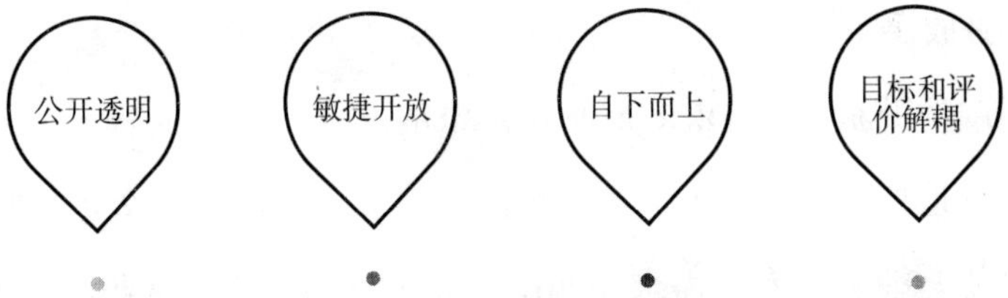

图 3–1　OKR 的四大显著特征

公开透明

公开透明是指 OKR 强调的是企业内部的所有人都能看到其他人的 OKR，这对于促进企业员工之间的相互理解、相互协作，让大家共同做大做强企业是非常重要的。

关于这一点，我们可以从“OKR 之父”约翰 · 杜尔对 OKR 的评价中一探究竟。

> 如果说以前的工作方法论是我们前进路上的一座灯塔的话，那么 OKR 简直就是北斗七星，我们毫不犹豫地选择了后者。

> 同时，更激动人心的是，我还可以看到老板的 OKR，我的经理的 OKR，我的同事的 OKR，可能开放沟通在今天没什么大不了，但在当时，这绝对是具有超前意识的。我可以很清楚地看到我做的事情和公司的目标方向有什么关系。这是激动人心的。

敏捷开放

敏捷开放是指 OKR 企业在设定战略和目标的时候，并不是一刀切地按照半年或者一年为周期去制定，而是一切取决于业务，强调要与业务的发展需求相匹配。对于节奏较快的企业，它可以将 OKR 的开展周期定为一季度；对于节奏较慢的企业，它可以将 OKR 的开展周期定为半年或者一年。并且，OKR 还能够做到根据业务节奏的变化去及时调整目标，从而体现出极强的适应能力。这也意味着，OKR 能够很好地解决企业目标管理不及时的问题，从而避免企业绩效管理周期与业务周期的严重脱节。

可以肯定的是，如今，随着时代的发展和科技的进步，企业所面临的外部环境充满了变化和不确定性，不再像大工业时代那样稳定了。这意味着，企业必须具有极强的应变和适应能力，才能够在快速变化的外部环境中更好地生存下来。从这个角度来说，特别强调短周期执行的 OKR 也就显得科学合理得多了，而这也是 OKR 能提高绩效管理水平、帮助企业解决绩效管理问题的关键原因。

以微软为例，我们都知道，过去，微软每年只会发布一个软件版本，然而自从微软云战略实施以来，它发布版本的周期也相应缩短了，此时，如果微软的绩效管理周期依然延续以一年为周期的话，那么显然是行不通的。这时候，OKR 的优势就显现出来了，因为它完全能够跟上并适应微软的这种新业务节奏。

自下而上

自下而上即自主，它是内在动机的一个基本心理需求，强调的是企业员工共同参与制定企业目标，而不是单纯地由企业高层制定企业战略目标，再将战略目标一级级地传达给基层员工。

我们都知道，很多时候，作为高层的指挥官对于一些问题未必就比基层被指挥的员工看得更清楚，相应地，由离基层最近的员工自下而上地制定企业战略目标，往往比由高层制定再一次次传达的自上而下的模式更科学、更合理、更符合企业实际。

并且，通过这种自下而上的方式制定出来的目标，往往更能让员工感知到这是他们自己的目标，而不是由他人硬塞给自己的目标，从而显著增强他们对目标的承诺感，让他们更理解目标，也更认可目标。相应地，员工的敬业度和工作热情也会得到大幅提高。

目标和评价解耦

我们都知道，目标管理和评价管理是组成绩效管理的两个重要部分。其中，目标管理主要聚焦价值创造，而评价管理主要聚焦价值评价。当我们在进行目标管理的时候，如果不加以区分，将这二者混为一谈，我们的绩效管理就永远不可能给企业和员工带来突破性的变化。

而 OKR 的目标和评价解耦强调的是要卸掉背负在员工身上的沉重的考核包袱，让员工轻松上阵。这样做的好处是能够使员工时刻关注目标，而不是患得患失，把过多的注意力放在关心自己能得到多少上面。

从 OKR 所具备的这四大特征中，我们可以总结出这样一个结论：OKR 能够帮助企业制定一个全员达成共识的战略目标和一套统一的评价考核系统，并且它不是陈旧的、呆板的、一成不变的，而是可以和企业的业务节奏相匹配的。

正如博生公司结合自己多年的实战经验后给出的建议那样："企业绩效管理每隔 2~3 年就应审视一次。业界企业自 2012 年开始，如奥多比、微软、GE（通用电气公司）以及 IBM，均在绩效管理方面实施了变革，这些变革无疑促进了企业业绩的提升。所以，你为什么还要固守老旧的、不合时宜的传统做法呢？"如果你的企业想要在绩效管理方面做出更好的成绩，或者你的企业在采用传统绩效管理时已经出现了过于形式化、目标管理不及时、绩效管理周期与业务周期严重脱节等问题，那么，你不妨大胆地尝试 OKR，至少在这一些情况下，用 OKR 的效果绝不会比传统绩效管理方式差。

更何况，不管是将 OKR 发扬光大的谷歌，还是敢于吃螃蟹、率先尝试了 OKR 的阿里巴巴和华为，无数知名或不知名的企业都用自己的实战经验告诉了我们，OKR 在聚焦企业战略目标、激发员工潜能方面具有巨大的优势。

获得支持：老板和高管的支持是实施 OKR 的重要保障

关于 OKR 的实施，常常会有 HR 向我请教方法，对此，我通常都会首先反问他们一个问题："你的老板对于实施 OKR 持什么样的态度？"之所以这样问，是因为在我看来，企业要想顺利引入 OKR，并让 OKR 发挥出最大作用，必须首先获得老板和高管的支持，从而为 OKR 的全面推行提供有力的保障。

高层的正确理解与支持是 OKR 导入的必要条件

我曾经认真地研究过许多成功推行 OKR 的企业，我发现，尽管这些企业的规模、情况都不相同，但是它们的 OKR 旅途都有一个共同之处，那就是拥有大力支持 OKR 的老板和高管。

在现实的企业管理中，我们常常会看到一些企业在实施 OKR 的过程中往往非常重视中层和基层员工的参与，要求他们掌握 OKR 的思想体系、操作流程、技能细节，却唯独忽视了企业高层的参与，这就导致 OKR 最重要的好处无法发挥出来——成为任务协作平台或项目管理平台，而只能发挥出来最为表面和浅层次的作用。

为什么说老板和高管的支持是导入 OKR 的必要条件呢？我认为主要有两方面原因。一方面，作为绩效管理的一种实用方法，OKR 并不像销售管理和研发管理那样，属于工具级或功能级的管理体系，而是像企业战略和企业文化那样，属于系统级的管理体系。因此，它的实施需要企业老板和企业高管来定调和深度参与。另一方面，经验告诉我们，任何一种能被称为"改革"的政策，如果无法争取到高层的支持，执行起来都会遭遇重重困难。

正如古语所说："上有所好，下必甚焉。"不管任何改革，如果能够争取到高层领导者的理解和支持，那么，员工就一定会遵从，执行起来就会相对简单；反之，如果领导者都对此漠不关心的话，那么员工也一定不会去支持它，即便是支持了，也一定达不到想要的效果。从某种程度来说，推行 OKR 实际是在进行绩效的改革，自然也要遵循这样的原则。

关于企业高管的支持对导入 OKR 的重要意义，我曾经辅助过的一个企业就是最好的说明。当时，在我辅助这家企业进行 OKR 改革的时候，这家企业的 CEO 刚刚到任不久。巧合的是，这位 CEO 服务的上一家公司也引入了 OKR，所以，他对于 OKR 的运行流程、重要意义以及可能会给企业带来的好处都非常熟悉。

正是因为这样，当这家企业在推行 OKR 绩效变革的时候，这位 CEO 全程都非常支持，不仅全程参与了引入 OKR 的前期谋划，还在很多重要的场合，比如早会、周例会上，他也会大力地宣扬 OKR 的重要性和必要性。最终，这位 CEO 对 OKR 的热情也潜移默化地感染了许多员工。最终，这家公司的 OKR 导入过程非常顺利。

如何获得高层的理解与支持

说到这里，可能许多人又会生出这样的疑问：既然高管的支持对 OKR 的实施如此重要，那么，企业在导入 OKR 的过程中，又该如何获得高层的理解与支持呢？

接下来我就将与大家分享一些有关获取高管支持的技巧（见图 3–2），希望能够帮助到大家。

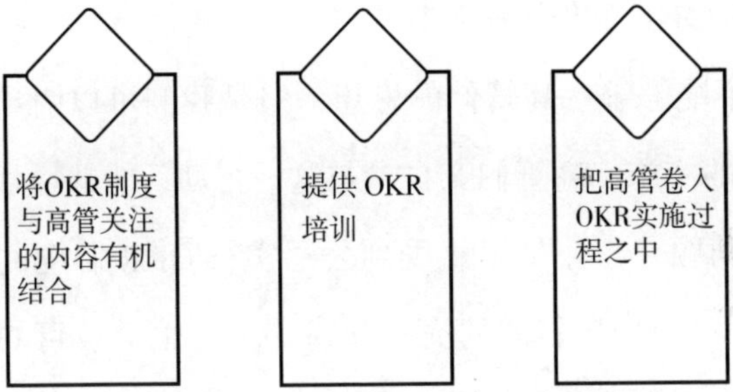

图 3–2　获得高层理解与支持的技巧

将 OKR 制度与高管关注的内容有机结合

如果企业的高级管理者对项目的某一方面比较感兴趣，或者该项目所表现的价值观与高管的理念相契合，这个项目就很容易引起高管们的注意，并得到他们的支持。从事人力资源的工作人员就是要把握事物之间的联系，从这些联系当中找到对企业发展有益的方面，并将之放大，深入挖掘其中的价值。那么引入 OKR

制度也可以按照这个流程，将该制度与高管关注的内容联系起来，让 OKR 能够更好地在企业考核制度当中运行。

提供 OKR 培训

在引入 OKR 制度之前需要在企业内部进行培训，这符合我们的认知、了解新事物的规律，我们要了解 OKR 的意义和价值，从 OKR 的定义、经典案例、优势等方面探索该制度与企业当前情况的匹配度，通过 OKR 来提升企业的发展水平。

把高管卷入 OKR 实施过程之中

我们不能够统一高管们的思想，但是我们可以引导他们参与 OKR 制度的实施。高管们亲自参与这一行动，能够增加其与员工之间的互动频率，让员工感受到公司实行 OKR 制度的决心，感受到高管们对 OKR 制度的支持。那么员工也会认可 OKR 制度，OKR 将会得到更多人的支持。

总之，要想在组织中成功实施 OKR，得到高管的支持，特别是公司最高层的支持是至关重要的。

定周期：以多长的周期实施 OKR（推荐按季度）

在实施 OKR 之前，我们需要做的第三个准备就是定周期，即决定以多长的周期来进行 OKR 的实施。那么，OKR 的实施周期应该怎么制定呢？在制定 OKR 周期的过程中，大多数企业又会走入怎样的误区呢？这是本节要讨论的重点内容。

OKR 周期的制定原则

变化一直是商业环境的特征，而且随着经济的发展，这种变化只会越来越快、越来越复杂。设定呆板单一的年度目标显然已经无法再适应商业环境的变化需求。特别是在创业企业和移动互联网企业中，目标随时会产生变化。因此，与设定年度目标相比，设置动态目标显得更科学也更合理，一方面，它能够做到随时根据企业的需求进行调整，另一方面，它更符合管理的现实情形。这也是如今许多企业都会引入 OKR 最重要的原因之一。

当然，目标也必须保持一定的稳定性。因为如果员工面对的是一个始终处于变化中的目标，那么他们的工作将无从着手，从而会减少他们对工作的信任度和关注度。我们都知道，OKR 是花费了很多时间和精力得出的关于团队未来的重要战略，是团队在一定周期内最重要和最优先的事项。因此，团队制定出的 OKR 也不能经常发生变化，如果它经常发生变化，只能说明团队在制定 OKR 时思维不严谨、考虑不全面。

综合这两方面的因素，我们便可以得出这样一个结论：团队的 OKR，一定要保持一种动态的稳定。而要做到这一点，我们就可以在 OKR 的周期上做文章。

那么，在设置 OKR 的周期时，究竟多久最合适呢？关于这个问题，并没有统一的答案，我的回答是应该根据企业的实际情况来定。需要注意的是，不管你最终选择的 OKR 周期是多长，你都必须坚持一个原则，即这个周期一定要是最适合你的。

总结目前大多数企业的 OKR 周期，我比较建议的做法是以季度作为目标管理周期，设定季度 OKR。这是因为，一个富有挑战性的 OKR 会花费很多的时间和精力，如果设置的时间太短，那就说明它不具有挑战性；如果花费的时间过长，那么它很可能不适应环境的变化以及企业的实际情况。而一个季度，刚好是一个不长不短的期限。

下面，我将为大家提供一个典型的 OKR 周期，如果你正在为公司、团队和员工设定 OKR，图 3–3 可以作为参考。

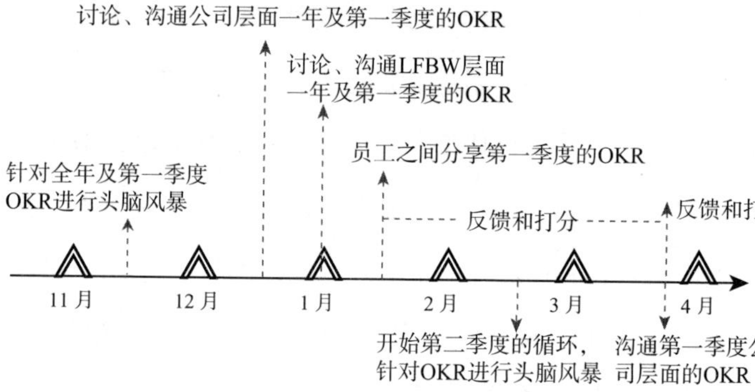

图 3–3　典型的 OKR 周期

OKR 周期的制定误区

以上为大家介绍了制定 OKR 周期的基本原则。需要注意的是，如今在制定 OKR 周期的过程中，许多企业都会走入两个误区。

误区一：企业只有一个 OKR 管理周期

在制定 OKR 周期的时候，许多人都会以为企业只能有一个 OKR 管理周期，事实上，这种看法是完全错误的。以谷歌为例，最初，它只采用了季度 OKR。到了 2011 年，拉里 · 佩奇在第二次担任谷歌 CEO 时开始同时采用年度 OKR 以及季度 OKR。那么，他为什么会采用年度 OKR 呢？我推测可能是因为季度 OKR 会让团队在执行过程中偏离公司发展的大方向，或者最高层 OKR 的缺乏给团队制定 OKR 造成了阻碍。因此，我建议，当企业在制定 OKR 的时候，也可以像谷歌那样，把 OKR 分成两类，即年度 OKR 和季度 OKR。

年度 OKR 属于长期的 OKR，它反映了公司的年度战略或者经营规划。因此我们可以将年度 OKR 当作公司年度战略的精简版本。通常来说，年度 OKR 只适合公司或者部门使用，不适合员工个人使用。年度 OKR 需要在年度中定期进行审查和检讨，以不断适应外部环境的变化。

季度 OKR 属于短期的 OKR，它主要反映的是公司季度经营的重点或者季度工作的重点，适合团队和个人使用。当然，如果公司处于创业阶段或者规模较小，且外部环境变化很快，也可以设定季度 OKR。季度 OKR 主要用于管理重点工作，需要持续地跟进和定期复盘刷新。

年度战略 OKR 能够指导季度战术 OKR 的制定，同时季度战术 OKR 需要对照年度战略 OKR 进行分解落地；而季度战术 OKR 的结果也可以帮助我们审查、检讨和调整年度战略 OKR。因此，我建议在开展 OKR 的初期阶段，年度战略 OKR 由公司或者业务单元级别的部门制定，季度战术 OKR 由部门和个人制定。

误区二：只能设定季度 OKR

大多数企业都会选择使用季度 OKR，不过，并不是所有的企业都只能选择季度 OKR。一般来说，企业可以根据其自身行业的特点、管理文化、业务节奏、财务年度等因素来自定义目标的管理周期，可以是月、两个月或者几周，但是最好不要超过一个季度。约翰·杜尔在《这就是 OKR》中表示，工程团队的 OKR 管理周期一般为 6 周，而在 OKR 实践中，Spotify（流媒体音乐平台）每 6 周设定一次 OKR。

在 OKR 开展的初期，最合适的做法是公司为整个组织结构设定统一的周期，这样做的好处是能够减少执行的复杂性。在各个部门对 OKR 有了更深入的了解之后，公司就可以引导团队根据自己的业务周期和管理节奏来设定合适的 OKR 周期，比如开发部门可以以季度作为周期，而销售部门可以以月度为周期。

通常，团队可以根据自己的节奏和需要来制定合适的周期。例如 Spotify 的目标周期为 6 个月，但是其团队的目标周期却是 6 周，这是因为它们是在使用公司的 OKR 之后再根据自身的情况来制定周期的。除此之外，企业也可以根据实际日历来自定义季度。有的公司财务年度为 5 月至次年 6 月，那么第一季度可能是 5 月至 7 月，而有的公司的财务年度为 3 月至次年 2 月，那么第一季度就可能是 3 月至 5 月。

总之，你最终设定的 OKR 周期，一定要是最适合你的。只有在你最终制定了最适合自己的 OKR 周期后，你的 OKR 奇幻之旅，才会更安全、更顺利。

选对象：确定在哪个层面实施 OKR

想清楚了为什么要实施 OKR，获得了高层对实施 OKR 的支持并且定好了实施 OKR 的周期后，接下来，我们需要考虑的便是 OKR 实施层面的问题，即确定 OKR 的实施对象。

一个成功的 OKR 应当明确其实施的层面，一般来说，OKR 的实施层面又可分为公司层面、部门（团队）层面、个人层面。这三个层面各自独立又相互关联，问题是，在引入 OKR 后，我们究竟应该选择在哪个层面实施 OKR 呢？下面，我将从一般情况和特殊情况两个角度，来为大家提供一些参考。

一般情况

一般情形主要包括以下几种情况，如图 3–4 所示：

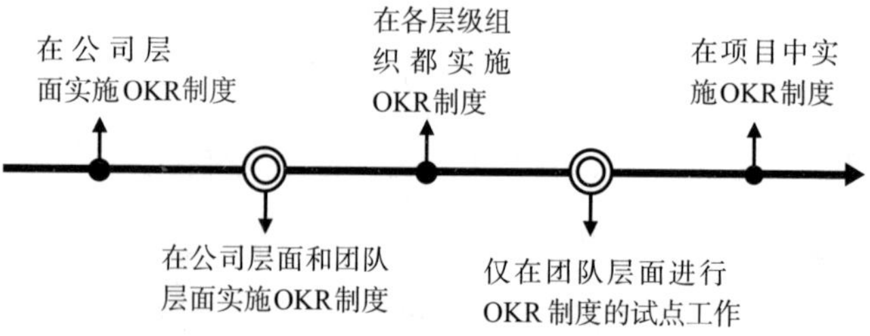

图 3–4　实施 OKR 的一般情况

在公司层面实施 OKR 制度

将OKR绩效管理模式运用到企业的管理当中需要更多的经验，才能让制度实施的过程更加顺利，所以我们应从企业的最高层组织开始实施 OKR 制度。在公司最高层组织当中进行试点，为以后其他层级组织实施 OKR 制度提供有效的参考经验。在最高层组织当中进行实践，能够为企业其他员工留出一定的时间去消化，让他们对 OKR 制度更加了解，从自身的视角对 OKR 制度进行评价。

如果你选择从公司层面开始推行 OKR，那么高层的支持就是这个项目能否成功的关键，没有他们的支持，该项目从一开始就注定会失败。同时，你还需要有热情的 OKR“斗士”来推动项目，以此向整个团队证明实行 OKR 制度不是赶时髦。

在公司层面和团队层面实施 OKR 制度

通过公司层面和团队层面这两种渠道来实施 OKR 制度，相对于上述情形离全面实行 OKR 制度更近了一步。这里表述的团队层面是与高管之间有密切业务联动的组织，它在不同的企业当中有不同的表述形式。

在团队层面实施 OKR 制度也需要制定目标，让团队负责人带领团队成员对 OKR 制度中的目标进行设定，并让团队的发言人在集体会议当中公布本团队的 OKR。团队的直接领导者应与团队成员进行交流，保证每一位队员都能够明确自己的目标，并确保其成长方向与团队的发展方向一致。这样做更加容易得到高层的支持和关注，能够让 OKR 制度更好地执行下去，让团队层面的 OKR 目标设置得更加合理。

在各层级组织都实施 OKR 制度

在公司层面、业务单元及个人层面都实施 OKR，确保从上到下对齐一致，这是上述两点内容当中 OKR 制度的最终归属。引入 OKR 制度的管理者需要考虑在企业所有层级组织中实施 OKR 制度需要花费多长时间，这种制度改革能为企业带来哪些实质效益等问题。企业选择哪种实施 OKR 制度的方式需要按照其自己的发展速度进行规划。

仅在团队层面进行 OKR 制度的试点工作

只在团队层面推行 OKR 制度是一种试验方式，这是为了了解推行 OKR 制度的可行性，让 OKR 制度在团队层面有良好的实施效果。推行 OKR 制度的工作人员、管理者需要与团队负责人进行业务联动，特别是执行人要充分了解 OKR 制度的工作原理、应用逻辑，如果能够在一个试点团队当中得到良好的效果、积极的影响，那么它将在更多的团队组织当中发挥出更大的价值。因此在试点工作当中，管理者要对这项工作予以高度关注，为以后的全方位实践提供更多的经验。

在推行 OKR 制度的过程中，如果能让该团队产生更多的经济效益，那么其他团队也会主动参与 OKR 制度的试点工作，从而让该制度得到更多力量的支持。

在项目中实施 OKR 制度

将 OKR 制度推行到公司当中的最大项目，通过这种方式让更多的人重视 OKR 制度。将这个项目的目标与 OKR 制度结合起来，以结果导向为标准对该项目的完成情况进行跟踪，从而保证它能够成功落地。这种在项目当中实施 OKR 制度的方法，即通过社交的形式在公司当中推行 OKR 理念，能够对该项目的工作人员在纪律上进行约束和管控。但在实际的 OKR 制度落实过程中，很多企业都不会将这种方式作为制度改革的首选，因此可以将这种实践方式作为备选方案。

特殊情形

特殊情形主要包括以下两种情形。

两个团队实行同一种 OKR 制度

在两个团队产生业务联动的情况下，这两个团队可以实行同一种 OKR 制度。这样在进行考核的过程中能够减少很多测评环节，进行同样的 OKR 测评，大大提升了 OKR 制度的实施效率。例如，在 IT 团队当中，可能产生的垂直组建的队伍有运营团队、产品团队、财务团队等。这些团队有共通的管理内容，即都是为 IT 技术服务，所以这些团队可以形成统一的 OKR 制度，或者让业务团队之间采用同一种 OKR 制度，这样也便于管理者了解团队的实际情况。

因此，推行 OKR 制度的管理者要找到团队之间的共通性。比如，运营团队与生产团队就可以针对产品的共通性，实行同一种 OKR 制度。这样可以让 OKR 制度更便捷地执行下去，让更多的团队能够接受并积极配合相关人员执行 OKR 制度。

多个团队实行同一种 OKR 制度

多个团队的共同协作能够让企业凝聚力不断提升，这也是全面推进两个或者多个团队实行同一种 OKR 制度的基础。多个团队实行的 OKR 制度比两个团队实行的范围更广、执行速度更快，而且便于管理和分析 OKR 制度产生的价值和作用。

当多个团队实行同一种 OKR 制度的时候，执行人员要保持足够的耐心，为同事介绍 OKR 制度在执行过程中的注意事项，把握其自身的成长目标以及公司的发展变化，将具体的想法应用到

OKR 制度的实践当中。

以上为一些关于选择 OKR 实施层面的相关建议，希望能够帮助到大家。总之，在我们选定了具体的实施层面之后，就等于推开了 OKR 奇幻之旅的大门，接下来，我们要做的便是开启旅行，真正步入 OKR 的落地实操阶段中去。

选工具：挑选合适的 OKR 执行软件

正所谓“工欲善其事，必先利其器”，在 OKR 制定好后，我们还要为自己选择一款合适的执行软件，以辅助我们实施 OKR。据我观察，目前，许多公司在选择 OKR 执行软件的时候，都还是相对比较保守的，会选择最常规的 Excel（电子表格程序）。

事实上，这样的选择并不是最明智的。本节，我就讲讲选择怎样的 OKR 执行软件，以及如何选择 OKR 执行软件。

OKR 的实施需要选择专业的执行软件

在本文的开头，我已经提出过，目前许多企业在实施 OKR 的时候，它们依然会选择用 Excel 作为辅助执行的工具。事实上，如果是比较固化的工作，常规的 Excel 确实是适用的。但是，这并不意味着 Excel 就是合格的辅助 OKR 实施的执行软件。这是因为，用 Excel 管理 OKR 存在一个巨大的弊端，那就是不能实时进行进度信息的更新，也无法及时解决沟通问题，一旦碰到复杂的项目，Excel 就不太适用了。

况且，在 OKR 的实施过程中，很多时候会涉及跨部门甚至跨公司的合作，而且至少每个季度 OKR 都会变动一次，相对来说，KR 的变动就更为频繁了，对于这些变化，如果缺失了记录和跟踪会非常麻烦。但是很显然，如果使用 Excel 作为辅助 OKR 实施的执行软件，我们并不能保证 Excel 就能够敏捷迅速地处理跨部门和跨公司合作所产生的问题，以及完美无缺地记录 OKR，特别是 KR 的每一次变动。

除了 Excel 之外，目前少部分的企业还会选择另外一种更朴素的 OKR 执行工具——看板。我认为这项工具也是不适用的。当然，在这里我并不是要否认将看板当成 OKR 执行工具的可行性，只是我认为这种工具存在一种巨大的隐患，即它不容易保存，容易造成信息丢失。况且，如今随着时代的发展和科技的进步，这种相对来说比较保守的工具确实可以被更先进、更便捷的软件所取代。

看到这里，相信许多人一定会产生这样的疑问，既然 Excel 软件和看板都不是最适合的 OKR 执行软件，那么我们究竟应该挑选怎样的 OKR 执行软件呢？

对此，我的回答是非常肯定的：选择专业的执行软件。比如，在实施 OKR 的时候，像谷歌这样的大公司一直使用的都是其自己的 OKR 软件。当然，许多企业目前可能并没有属于自己的专门的 OKR 软件，此时，它们也可以选择采购市面上通行的 OKR 软件。

如今，市面上的专业 OKR 软件种类也有许多，在挑选的时候，你一定要把握一个原则，那就是重点考量这些软件在协作方面的表现是否出色，因为这对于未来辅助实施 OKR 是非常重要的。如果 OKR 执行软件在协作方面的表现差强人意，这就意味着它可能无法满足企业的跟踪需要。

根据我的实际经验，在软件的选择方面，我认为明道、Teambition、Worktile 等 SaaS（软件即服务）软件都是不错的，这些软件都有新建项目和任务实体的功能，既可以将一个季度的 OKR 设定为一个整体，也可以将每个 KR 进行分解，子 KR 又可以再分解，因此你可以将它们纳入实际的选择范围。

如何挑选 OKR 执行软件？

在前文中，我已经强调了 OKR 的实施需要专业的执行软件，并且推荐了一些合适的软件给大家作为参考。那么，在具体采购 OKR 执行软件的时候，我们又该如何确定究竟哪款软件是最适合自己、最值得挑选的呢？

对此，我的建议是，在采购 OKR 软件之前，你可以首先明确以下几个问题（见图 3–5）。

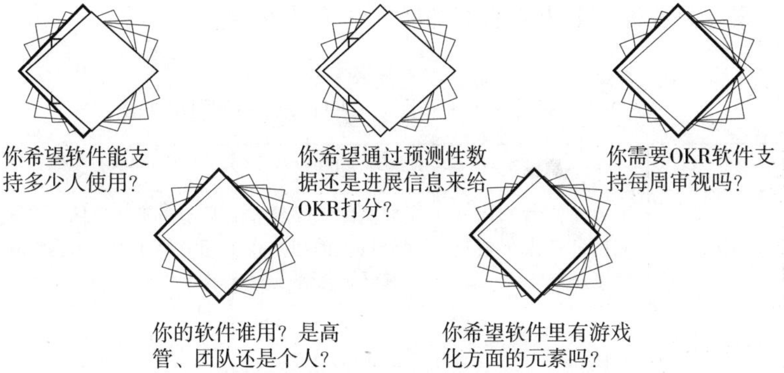

图 3–5　OKR 软件调查

你希望软件能支持多少人使用？

软件支持的使用人数往往和软件的价格息息相关，通常，使用人数超过 2 000 人就会被认为是大组织，100~2 000 人则会被认为是中小型组织。

一般软件开发商会更倾向于服务大中型的组织，少于 100 人的企业除非是战略需要，否则不会成为软件商的客户。面向大型组织的软件开发团队会积极寻求在 PC 端、手机端、智能手表端均能够支持的软件。面向中小型企业的软件可能只包含一些核心的功能，以便节约客户的采购成本。

你的软件谁用？是高管、团队还是个人？

软件的使用者不同，相应地，软件中的某些功能也应进行适当的调整。一般的软件开发商都有针对高管、团队和个人的解决方案，只要你提要求，它们都能办到（见表 3–11）。

表 3–1　高管、个人和团队 OKR 软件的不同用法表

	高管	团队	个人
用法	主要是高管和团队使用，个人一般最后才会参与	主要是团队领导和部分员工使用，高管有可能会用	所有员工从目标制定开始就要使用，高管将其作为管理工具
OKR 联结	基于汇报，从上到下联结	从上到下和从下到上的联结	只需要从下到上的联结
战略和执行	强调战略	强调战略和执行	只强调执行

从表中我们可以看出，显然，为个人设计的软件，旨在帮助员工分享他们 OKR 的进展情况，将他们的个人目标与团队和公司的目标联结起来；面向高管设计的软件，主要是为了让他们清晰地看到资源的分配情况，并及时做好风险预警；为团队设计的软件则会试图在前两者之间寻找最佳的平衡点。

你希望通过预测性数据还是进展信息来给 OKR 打分？

OKR 工具最大的功能应该是方便员工及时输入数据，不断刷新 OKR 的进展情况。在你输入数据之后，你希望可以得到什么？是对 OKR 未来完成情况的预测还是实时的进展数据情况？

历史性数据是对过去已经取得的成绩的一种反映，比如 OKR 目标是新增 10 家供应商，此时你输入新增 5 家供应商，系统会自动判断你的 OKR 目标完成了 50%。预测性数据是对未来情况的预测，系统会根据用户的数据判断完成的可能性（见表 3–2）。

表 3–2　历史性数据和预测性数据利弊一览表

	描述	优点	缺点
历史性数据	用户更新数据之后，系统会得出完成情况的最新数据	用户更新时有一种成就感	如果进展没有及时更新，管理层和个人都不能得到确切的进展情况，管理层也不知道如何推动项目进行下去
预测性数据	用户输入 OKR 完成的可能性数据	全员都可以对 OKR 的完成情况进行预测，可以提早判断是否有风险并及时采取行动	个人感受不到喜悦，对更新的数据也不抱有足够的信任
两者相结合	用户既输入历史完成数据，也输入 OKR 完成的可能性数据	集两家之长，个人和管理层都可以跟踪 OKR 的完成情况并追踪其完成的可能性	用户会觉得更新数据是一件非常麻烦的事情

你希望软件里有游戏化方面的元素吗？

游戏化不是说在软件中嵌入游戏，而是指在非游戏的环境中，给用户提供奖励机制。游戏化的目标是提高用户的参与度，并驱动他们的未来行动。

游戏化机制可以但不限于以下内容。

将用户的目标明确地显示出来

发放勋章奖励用户

激发他们的进取心，吸纳竞争

鼓励他们进行团队合作

通过不断地升级明确当前的 OKR 进展

让用户不断赚取积分

空手道用白带、黑带来区分运动员的实力，淘宝、京东都有会员等级制度，QQ 刚出来的时候不少人为了升级彻夜挂着 QQ，游戏化的设置就是为了激发大家的进取心。当然这也是智者见智的问题，有些人会被游戏化的内容分心。

一般“类游戏”的功能可以分为最低程度游戏化、部分游戏化、广泛游戏化三种。在最低程度游戏化的程序里，一般会设置“绿”“正常”“红”三种状态，绿色表示已经完成，红色则是预警。在部分游戏化的程序里，用户可以有更多的输入选项，你的更新状态很容易被别人看见，你的 OKR 被查看了几次也会有显示。在广泛游戏化的程序里，程序会根据 OKR 的进度给予员工奖励，比如积分、徽章、升级等，以这些无形的奖励去驱动员工完成目标。

你需要 OKR 软件支持按周审视吗？

你的 OKR 需要多长时间评估一次？每个团队必须多久更新一次 OKR？这些都是采购软件前你需要考虑清楚的问题。如果是以周为周期更新的软件，如果你没有按时更新，它会进行各种提醒，所有员工每周在更新完成之后，系统就会自动出具表格、图标以直观地展示目标的完成情况。

在你明确了以上 5 个问题后，也就意味着你已经明确了自己对于 OKR 执行软件的具体需求。那么，在选择软件的时候，你就可以带着这些需求去挑选与你理想中最接近、最匹配的 OKR 执行软件了。

需要注意的是，在 OKR 执行软件的选择方面，你和你团队的需求是重点，所以我建议在购买之前，你首先向软件开发商明确你的需求，并向对方索要测试账号进行测试。在接下来的演示会议上，你要提前准备好问题清单，将软件的方方面面了解清楚。毕竟买个软件的费用还是比较高的，一定要契合你的需求才好。最好还要货比三家，找到性价比最高的软件供应商。

第二部分

落地实操：OKR如何助力绩效管理变革

第 4 章
如何制定目标（O）

目标 O 是 OKR 的重要组成部分，它是对驱动组织朝期望方向前进的目标的一种简洁定性描述。严格来说，目标 O 才是 OKR 真正的价值和意义所在，因此，它的制定至关重要。而在制定目标 O 的过程中，又要遵守三大原则：有挑战的 O、做减法和个人级 O 与企业级 O 要实现联结。

制定有挑战的 O：比能力范围高 30%，是可触达的

在前文中，我已经强调，OKR 主要是由 O 和 KR 两部分构成的。其中，O 是对驱动组织朝期望方向前进的目标的一种简洁定性描述，它回答的是“我想实现什么”的问题；而 KR 是一种用于衡量目标达成情况的定量描述，它回答的是“如何实现目标 / 如何衡量目标是否完成”的问题。这也就意味着，O 才是 OKR 真正的

价值和意义所在，它必须能够促进组织的成长，对组织做出一定的贡献。

所以，在引用 OKR 助力绩效管理变革的过程中，我们首先要做的，就是要为自己制定一个切实可行的目标。那么，问题来了，这个目标该怎样制定呢？这也是本章将要讨论的重点话题。在本节中，我们首先一起来了解一下制定目标 O 的第一个原则：制定有挑战的 O。

为什么要制定有挑战性的 O？

我们都知道，根据马斯洛的理论，人的需求共分为生理需求、安全需求、爱和归属感、尊重和自我实现 5 个等级，并且，只有在人的低级需求得到满足后，他才会转向更高层次的需求。

不可否认，对于一些人而言，即便没有外部的激励，他们也依然可以不断地进行自我激励，挑战自己的能力边界，并努力实现自我超越，这样的员工，无疑是企业最理想的员工。然而，现实中的大多数人，还是会遵循马斯洛理论，只有受到外部不断刺激、需求不断得到满足后，才会不断地去超越、不断去寻找更高层次的需求。从这个层面来说，如果企业想取得长足发展并持久地保持兴旺发达，希望企业的员工都能取得最佳业绩，那么，设定具有挑战性的目标就是非常必要的。

被誉为结构化目标设定理论之父的埃德温·洛克曾就目标的难

易程度与实现程度之间的关系进行了大量实验和实证研究。研究结果显示：目标设定越具有挑战性，其所产生的结果越佳，虽然高难度的目标与其产出结果之间的差距，通常会大于低难度的标与其产出结果之间的差距，但是前者达到的最终结果仍然比后者要好。

关于这一点，英特尔就为我们做出了很好的示范。在英特尔的“粉碎行动”中，他们曾经发动过一场“要么做，要么死”的战役去占领 16 位芯片微处理器市场。当时，他们设定了一个非常大胆的销售目标：一年内要赢得 2 000 个设计合约。要知道，这个目标几乎是前一年销售量的 4 倍，它意味着每个销售人员每个月都需要签下一个设计合约。在最开始的时候，这一目标看上去的确像珠穆朗玛峰一样可望而不可即，因此在前三个季度，销售人员都没能达成目标，可是大家都取得了明显的进步，落后者也都在暗暗努力。到年底时，整个计划竟然共获得了 2 300 个设计合约，超过了既定目标。

可以说，正是这次大胆的目标制定，才极大地激励了英特尔的员工，让他们超越了自己，同时也帮助该公司在微处理器市场上占有了绝对优势，让英特尔拥有了更好的未来。

这就是有挑战的目标的魅力。正如比尔·坎贝尔所说：“如果企业做不到持续创新，它们必将走向灭亡——请注意，我说的是创新，而非重复。”保守的目标只会阻碍创新，而一个看起来胆大包天的、具有挑战性的目标，就像一座等待被征服的大山，它极具诱惑力，能够吸引员工为了征服它而不断创新、不断努力，从而带领他们远离舒适区，不断激发他们的潜力，让他们为了一致的目标而奋勇向前。

什么样的 O 才是具有挑战性的 O

在前文中，我们已经强调了要制定有挑战性的 O，说到这里，可能很多人又会生出疑问：什么才是有挑战性的 O 呢？一般来说，一个有挑战性的目标应该具备三大特征。

让人不舒服

一个能称得上有挑战性的目标，就一定意味着它执行起来是具有一定难度的。而这样的目标一般都不会让人感觉舒服，它要么会暴露出我们潜在的不足，要么会让我们不得不面对那些我们本身就不愿意面对的问题。

以前做不到

既然是有挑战性的目标，就意味着这个目标是我们过去从未达到的，即便这个目标其实就是我们日常会做的工作，也意味着这个日常工作一定被赋予了一定的增量要求。

可以完成

这个目标虽然是困难的、让人不舒服的、以前做不到的，但它一定是可以实现的。这是因为，在制定 OKR 的时候，一个很关键的原则就是制定的目标一定要是实际可行的，切记不能把目标设置成无法完成的“海市蜃楼”。而一旦当我们完成了这个目标，我们的内心就会充满成就感和价值感。

在具体的操作层面上，我们可以选择用信心指数来衡量一个目标是否具有挑战性。通常，当责任人对一个目标只有 70% 的信心时，或者当一个目标超出了责任人能力的 30% 时，我们就可以认为这个目标是具有挑战性的。

信心指数是一种自我状态的评估，它一般会使用百分比来定义，在确定信心指数时，OKR 负责人需要回答一个问题：考虑当前实际（资源、能力、方法等相关信息），我们对达成 OKR 有多大信心？具体的回答所对应的信心指数见图 4–1。

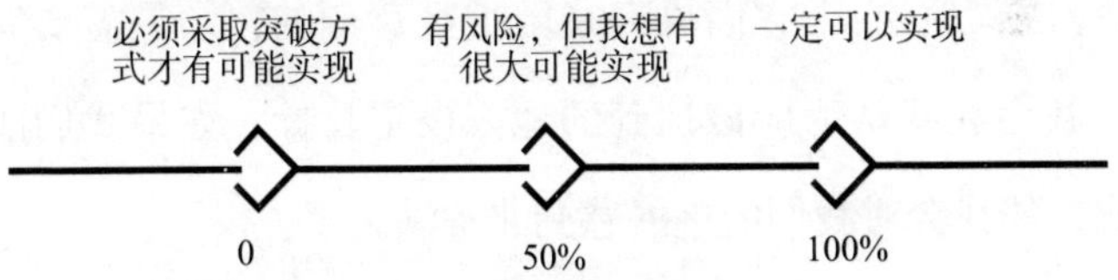

图 4–1　信心指数的确定方法

当然，信心指数除了用百分比表示外，也可以用表情符号（快乐、关心、悲伤）来表达。需要注意的是，因为每个个体都具有差异，所以不同的员工对于同一目标的完成程度也是有差异的。当然，我们设置有挑战性的目标并不是为了让所有人都保持一致，而是为了让所有人都得到进步，把他们都推入一个更高的水平。

挑战性目标不能一成不变

挑战性目标不是一成不变的，更不是不切实际的。在我看来，好高骛远，过分追求速度和进度，强行制定高于团队能力的目标，无异于揠苗助长的行为。

企业在追求高风险、高回报的目标时，一定要获得员工的认可，领导者也必须向员工传达结果的重要性和目标一定会实现的信念。

然而在实际引入 OKR 的过程中，许多管理人员都习惯向着“高目标”进发，他们习惯于能得到 100 分，就绝不满足于 99 分，总是认为不 100% 完成目标就是失败，在很多企业里都有这样的风气。比如，减肥宝 App 的 CEO 迈克·李认为，所有的目标都必须 100% 完成，他说：“它们也许是困难且苛刻的，却是需要完全实现的。我会在我认为应该达到的地方设定目标。如果我们能够全部完成，那我会对我们的进展感到非常满意。”

在我看来，迈克·李的观点是有些偏颇的，如果把目标定得太高，当团队用尽全力，也只能完成 90% 的目标的时候，员工士气将会受到很大影响。我认为，正确的做法应该是把目标设定在合理的范围之内，在团队的能力逐渐提升以后，他们自然能完成比较有挑战性的目标。

事实上，关于什么是挑战性目标，目前并没有一定之规，并且，挑战性目标也不是一成不变的。当我们为团队设定目标时，应该考虑团队的实际情况，能让团队创造最大价值的目标，就是有挑战性的目标。我们必须认识到，有挑战性的目标是我们追求卓越的起点，而不是终点。

总之，在引入 OKR 的过程中，我们必须为自己设定一个有挑战性的目标，虽然这些目标会让我们感到不适，但是在我们完成这些目标以后，会得到莫大的满足感。接下来，我们还会继续为自己设定另一个比较困难的目标并努力实现它。在不断实现目标的过程中，我们的能力也在不断晋级。

挑战性目标就如同中长跑中的“极点”现象，只要坚持下去并跨越“极点”，我们就会克服痛苦和不适，重新唤起“第二次呼吸”。只要我们还在追求卓越的道路上前进，“极点”就会到来，跨越它就能变得更强、走得更远。

做减法：O 不超过 5 条，每个 O 下 KR 不超过 4 条

在前文中，我已经讲解了制定目标的第一个原则——制定有挑战性的 O，那么接下来，我要介绍的便是制定目标的第二个原则——减法原则，即对 O 的数量进行限制。

为什么要对 O 进行数量的限制？

毋庸置疑，在制定 OKR 的时候，无论是 O，还是 KR，都

应该有数量的限制，简单来说，就是要遵守“少即是多”的减法原则。

这样操作的原因主要体现在以下两方面。

过多的 O 容易导致目标不聚焦

说到这里，大家不妨回忆一下，当你在制定 OKR 的时候，是否出现过 OKR 设置过多的情况呢？这样的情况一般又是由什么原因造成的呢？

我相信，关于前一个问题，许多人的答案或许都是肯定的。而根据经验，通常造成 OKR 过多的原因主要有以下几点。（见图 4–2）

图 4–2　导致 OKR 过多的原因

事实上，上图中所列的几种做法都是非常不明智的。

我们都知道，目标 O 是对驱动组织朝期望方向前进的目标的一种简洁定性描述，它回答的是“我想实现什么”的问题。这也就意味着，当我们在开展工作的时候，目标是指引我们前进的灯塔，正如安迪·格鲁夫曾经说的“这些精心选定的目标传递出一个明确的信息，它们告诉我们要做什么和不做什么”一样。

然而，当我们在 OKR 中设置了过多的 O 的时候，就意味着，我们会有许多的目标，进一步来说，这些目标就会相应地为我们指引许多不同的方向，那么此时，我们究竟该往哪个方向去前行呢？要明白，当所有的方向都被指出来的时候，可能就意味着没有方向；当所有的事情都被关注的时候，可能就意味着什么都没有得到关注，比如，在制定 OKR 的时候，你为自己制定了 10 个 O，30 个 KR，那么，你究竟应该把时间和精力放在哪一点上呢？此时，你其实就相当于给自己制定了一个无效的 OKR。

所以，过多的 O 会让目标变得模糊不清，进而让你无从知晓你的工作重点究竟是什么，这无疑违背了引入 OKR 的初衷。有时候，更少其实就意味着更聚焦，更少的目标能够更清晰地为我们指明究竟什么才是最重要的。并且，在我们遵守了“少即是多”的减法原则，制定出数量相对合理的 O 后，对于这些精心选择的 O，我们往往也会记忆更加深刻。

过多的 O 会给员工带来巨大的压力

在前一节中，我们重点强调了制定目标的第一个原则就是要具有挑战性。所以，如果我们在制定 OKR 时将 O 设置得过多，就意味着我们会给自己设置加倍的挑战，这无疑会给我们带来巨大的工作压力。

更严重的是，一旦当我们因为挑战太大、压力太大而感觉疲惫不堪的时候，我们的工作热情和工作积极性就会受到影响，而这对于 OKR 的推进和执行都是非常不利的，甚至有可能会导致 OKR 的最终“流产”。

设置多少个 O 最为合适?

以上我们分析了在引入 OKR 之后，设置过多的 O 所带来的负面影响。说到这里，许多人可能又会生出这样的疑问：既然制定目标要遵守“少即是多”的减法原则，那么，究竟设置多少个 O 最为合适呢?

关于这一问题，我并不能给出一个确切的答案。不过，根据目前大多数企业的做法以及我自己的实际经验，我的建议是 O 一般不超过 5 条，每个 O 对应的 KR 应该多于 2 条、不超过 4 条，至于究竟要设置多少个，还是要看你自己的实际情况。

此外，在确定 O 的具体数量时，还应该注意以下三方面的内容。

考虑努力与可分配的时间资源的匹配程度

在确定目标 O 的具体数量时，我们首先要考虑的一个问题就是努力与可分配的时间资源的匹配程度。这里的努力，主要指的是目标难度和需要花费的精力。比如，对于那些日常事务较多的员工而言，在制定 OKR 时，你可以只设置少量的关于工作改善或工作创新方面的 O；而对于一些从事偏项目型工作的员工而言，如果说你设定的 OKR 本身就是很具有挑战性、很有价值，也需要很大的创新和突破的话，那么为了让你更集中地聚焦工作，也可以只设置少量的 O。

总之，O 的设置没有最低的限制，除非企业有具体的规定。

最初使用 OKR 时，目标 O 的设置要尽量少一些

在最初使用 OKR 的时候，为了让大家熟悉这种新的绩效管理模式，我的建议是不要让员工设置过多的 O，而应该尽量设置少一点的 O，等员工逐渐熟悉了这种新的模式后，目标 O 的数量就可以视情况增加了，不过也不能超过 5 条。

每个目标 O 至少要对应两条 KR

最后要注意的一点就是，在设置目标 O 的时候，每个 O 至少要对应两条关键结果 KR。这是因为，如果 O 只对应一条 KR，那么，OKR 就等同于了 KPI。

我们都知道，关键结果 KR 从本质上来说其实就是对目标 O 的定量描述，在这个过程中，我们需要将目标转化为“如何完成”的具体行动策略，此时，如果我们只设置一个 KR 的话，那么可能就意味着我们对目标思考得并不深入，或者这个 OKR 设置得太过简单，不需要付出什么努力就可以完成。

总之，不管是上述哪种情况，其实都是不提倡的。此时，最

好的办法就是将这个只有一条 KR 的 O 取消，或者并入其他的 OKR 中去。

最后再强调一下，当制定目标 O 的时候，一定要遵守“少即是多”的减法原则，并根据自己的实际情况，确定最终的 O 的数量。

个人级 O 与企业级 O 要实现联结

从本质上来说，企业其实就是一群人的集合，因此，在建立目标 O 的时候，个人级 O 一定要与企业级 O 产生一定的联结。试想一下，如果在建立目标时，企业中的每个人都不与他人、与企业产生联结，而把自己变成一个单独的“目标孤岛”，那么，企业又该如何顺利地运营下去呢？

那么，在本节的内容中，我就将和大家一起来聊一聊制定目标 O 的第三个原则：个人级 O 要与企业级 O 产生联结。

个人级 O 如何与企业级 O 产生联结？

要想解答个人级 O 如何与企业级 O 产生联结这一问题，我们首先就要引入一个重要的概念——“父子目标”。

那么，什么是“父子目标”呢？简单来说，所谓的“父子目标”，其实就是主目标与副目标的另一种说法，它源于企业的各个层级。我们都知道，一个企业会设有许多不同的部门，比如销售部、研发部、财务部、人力资源部等，每个部门会都有部门主管，而部门主管又管理着下面的部门员工。

相应地，在企业在引入了 OKR 绩效管理模式后，就会形成对应的企业级 OKR、部门级 OKR 和个人级 OKR，而三个级别的 OKR 之间，就形成了一定的“父子”关系。这其中，企业级 OKR 为部门级 OKR 的“父目标”，部门级 OKR 为企业级 OKR 的“子目标”；部门级 OKR 为个人级 OKR 的“父目标”，个人级 OKR 为部门级 OKR 的“子目标”。详情如图 4–3 所示。

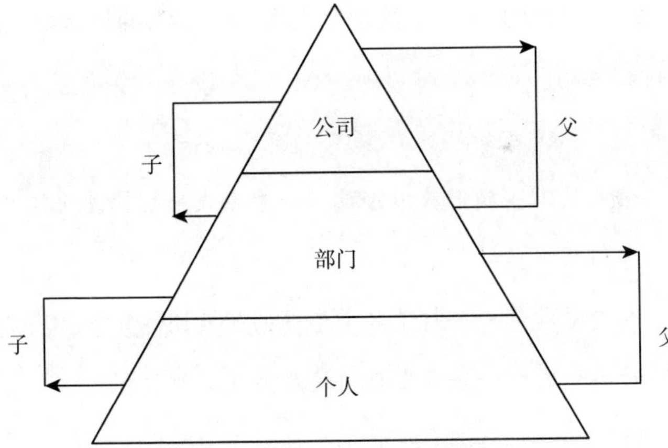

图 4–3　企业层级“父子概念”

并且，这三个级别的“父子目标”之间还要遵守这样一个原则：在具体制定 OKR 的时候，“父目标”要成为“子目标”的“风向标”，为“子目标”指导方向；“子目标”的制定要围绕着“父目标”进行，“子目标”是“父目标”的具体执行。也就是说，企业级 O 是部门级 O 的指导方向，部门级 O 又是个人级 O 的指导方向；个人级 O 是部门级 O 的具体执行，部门级 O 又是企业级 O 的具体执行。

只有当这三个级别的 O 分别遵守这样的原则、产生这样的联结时，企业上下的目标才能保持一致，企业所有员工的劲儿才能往一处使，从而推动企业更好地向前发展。同时，个人级 O 及 OKR 才不会偏离方向，并取得最大限度的成功。

在理解了“父子目标”的概念以及三个层级的目标 O 之间的联结逻辑后，下面，我们再通过一个谷歌的实例，一起来深入浅出地了解一下不同层级，尤其是个人级与企业级的目标 O 究竟是如何进行联结的。

企业层级：我们应该像翻阅一本杂志一样快速上网

部门层级：

人力资源部——打造非常专业的研发团队

产品研发部——开发目前速度最快的浏览器

行政部——打造更好的工作环境等

个人层级：

招聘专员——招聘专业研发人员 5 名

研发专员——分析竞品优势，取长补短

行政专员——打造更好的工作环境，改善员工餐饮水平从上述各层级的目标 O 中，我们可以总结出一个规律：几乎所有的“子目标”都是围绕着“父目标”进行的，都能够为“父目标”的实现做出贡献。而这也是个人级 O 与企业级 O 产生联结的精髓所在。

个人级 O 与企业级 O 产生联结时的注意事项

以上，我已经帮助大家理清了个人级 O 与企业级 O 产生联结背后的逻辑。那么在这个过程中，还有哪些细节或者事项是需要格外引起注意的呢？接下来，我将继续为大家进行讲解。

联结的方向一定是由下向上的

在三个级别的目标 O 进行联结时，我们首先要确定好企业级别的 O，这个 O，用一个形象的比喻来说就是企业目标管理的“定海神针”，企业的所有其他目标，都应该以这个目标为基准、向这个目标看齐、为这个目标服务。

在企业的目标 O 确定后，接下来，就要由部门级 O 和个人级 O 由下向上进行联结。需要强调的是，这里的这种承接关系，一定要是联结，而不能是由上向下做分解，因为一旦涉及“分解”这个词，OKR 就会被用成 KPI，从而失去存在的价值和意义。

当某一层级无法对上一层级目标做出贡献时，可以不建立“子目标”

如何理解“当某一层级无法对上一层级目标做出贡献时，可以不建立‘子目标’”这句话呢？我们通过一个场景案例来进行分析。某公司行政部所设置的部门级 O 是“打造最优工作环境”，而行政部的档案专员小王负责的主要工作则是企业项目申报和资质档案管理。可以看出，小王的工作与部门的目标 O 之间似乎没有多大的联系，也无法对部门的目标 O 产生实际的贡献。那么此时，小王就可以不在部门级目标 O 下面建立自己的个人级目标。

同样的道理，企业的各个部门也不需要在所有的企业级目标下都建立各自的部门级目标，而只需要承接部门能够做出贡献的企业级目标即可。

在建立目标时，“子目标”不用考虑“父目标”的 KR

当“子目标”在建立自己的目标时，只需要考虑“父目标”的 O，而不用考虑“父目标”的 KR，更不能把“父目标”的 KR 作为自己的 O。这是因为，当层级不同的时候，对于 KR 的制定必然也不同，“父目标”的 KR 是“父目标”的标准，其作用是负责衡量“父目标”的进度以及“父目标”如何达成，具体的负责人也是“父目标”的制定人，它对于“子目标”而言，并没有具体执行的参考意义。作为“子目标”，在整个目标管理过程中，只需要关注和考虑如何才能更好地促进“父目标”的达成即可。

比如，一般来说，企业级 O 的责任人就是企业的 CEO，而作为目标参与者的其他人，可能会参与为了实现 KR 而建立的项目任务执行过程，但并不会直接对项目负责。所以，当他们在制定部门级 O 及个人级 O 的时候，就不用去考虑这个企业级 O 的 KR 如何实现，而只需要考虑直接能为实现这个企业级 O 贡献些什么即可。

做好目标差值分析

有时候，即便“子目标”100% 完成了，并不一定代表“父目标”也一定会 100% 完成。比如，某企业设置了一个“提升用户体验”企业级目标，而在该企业目标的下面，又对应着 4 个“子目标”，详情如下。

企业级目标：提升用户体验

部门级目标：

市场部——收集用户反馈

设计部——优化产品设计

人力资源部——引进“大牛”

品牌部——提升产品知名度

然而，在这 4 个“子目标”都 100% 实现了之后，该企业却发现“父目标”——“提升用户体验”只完成了 35%。也就是说，“父子目标”之间的差值达到了 65%，这是什么原因造成的呢？在出现这种情况后，又应该如何去解决呢？

在这里，其实就涉及了一个很关键的概念——目标差值。一旦出现了目标差值，并且这个目标差值还比较大的时候，就说明“子目标”没有对“父目标”的达成做出有效贡献，那么这时候，我们就必须对造成目标差值的原因进行分析，并且根据分析得出的结论进行相应的改进。

比如，在上面的案例中，从目标的承接关系来看，上下确实是一致的，之所以会出现“父子目标”之间的差值达到了 65% 的情况，严格来说并不是因为现在团队的员工技术不行，只是他们大多是在公司工作了好几年的“老人”，或者是在行业里待了多年的“资深人员”，他们的思维比较僵化，设计的流程比较复杂，过程比较烦琐，导致用户体验并没有提升。那么此时，如果人事能给研发团队配几个有“奇葩想法”的 95 后，或许这个目标的完成情况会更好。

这时候，在导致“父子目标”差值巨大的原因被分析出来之后，该公司就应该根据分析结果重新调整自己的“子目标”，比如把目标改为：

企业级目标：提升用户体验

部门级目标：

市场部——收集用户反馈

设计部——优化产品设计

人力资源部——加强产品人才梯队建设

品牌部——提升产品知名度

拉里·佩奇曾经说过："谷歌任何一个工程师都可以看到 CEO 的 OKR，确保所有人都朝着一个方向是非常重要的。"而《孙子兵法》也告诉我们："故经之以五事，校之以计，而索其情：一曰道，二曰天，三曰地，四曰将，五曰法。"在这句话中被放在第一位的"道"，其实就是强调要上下一心。由此可见，不管在任何情况下，不管采用怎样的绩效管理模式，保持企业"上下同欲"都是非常重要的，只有当我们将企业这支队伍变得就像一个人的时候，它才能更好地向前发展。而在 OKR 模式下，企业的上下一心正是通过"父子目标"来实现的。所以，在制定目标 O 的时候，我们一定要牢牢把握一个原则，那就是个人级 O 一定要与企业级 O 实现联结。

第 5 章
如何制定目标的关键结果（KR）

关键结果 KR 是 OKR 的另一个重要组成部分。如果说 O 是对驱动组织朝期望方向前进的目标的一种简洁定性描述，它回答的是“我想实现什么”的问题，那么 KR 就是一种用于衡量目标达成情况的定量描述，它回答的是“如何实现目标/如何衡量目标是否完成”的问题。从这个角度来说，KR 的制定也是至关重要的。

KR 的常见类型

我们都知道，目标 O 是一个清晰的意图，不需要定义具体和详尽的指标，所以要想实现它，我们需要关键成果的帮忙。在制定了目标 O 之后，接下来，我们还要为目标 O 量身打造几个有效且能精确执行的关键结果。

在前文中，我已经不止一次地强调过，关键结果 KR 是对目标 O 的定量描述，然而在现实中，由于绩效管理系统在成熟度和数据可获得性上的差异，许多时候，在对目标 O 进行定量描述时，我们可能会使用不止一种类型的 KR。那么，在本节的内容中，我就将为大家介绍在实际操作中最常用到的三种 KR 的类型，如图 5–1 所示。

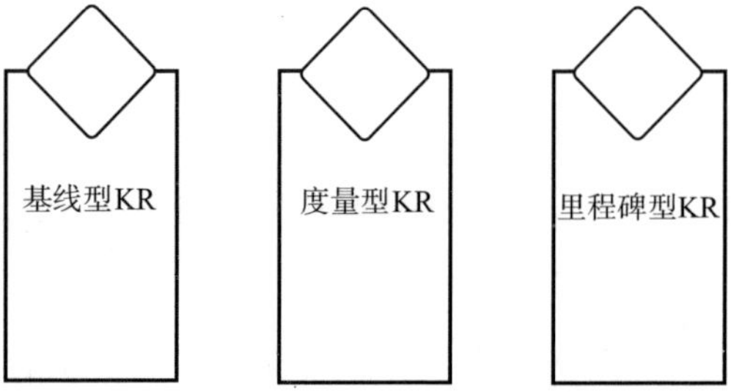

图 5–1　KR 的三种类型

基线型 KR

要想理解什么是基线型 KR，我们不妨先来看一个案例。某企业为了与客户建立稳定、强大又持久的关系，设置了这样一个 OKR。

O：提升客户忠诚度

KR1：把客户流失率降到 20% 以下

KR2：客户投诉率降低到 10% 以下

KR3：提升客户电子优惠券赎回率到 20%

然而，由于这个企业在之前从未制定过与提升客户电子优惠券赎回率相关的 OKR，也从未计算过自己客户的电子优惠券的具体赎回率，因此，也就没有一个合适的电子优惠券赎回率来具体衡量这个 KR 是否适用。所以这时候，该企业所制定的 KR3“提升客户电子优惠券赎回率到 20%”明显就是不适用的。

此时，最好的做法是将 KR3 改成“建立电子优惠券赎回率基线数据”，详情如下。

O：提升客户忠诚度

KR1：把客户流失率降到 20% 以下

KR2：客户投诉率降低到 10% 以下

KR3：建立电子优惠券赎回率基线数据

在修改后的 OKR 中，“建立电子优惠券赎回率基线数据”其实就是一个基线型 KR。由此我们就可以总结得出，所谓的基线型 KR，实际就是指能够为下一季度的 KR 提供一些基线数据的、具有参考价值的 KR。

一般来说，基线型 KR 特别适用于那些刚刚开始转向一个新战略，或者刚开始使用 OKR、缺乏绩效度量经验的企业。

度量型 KR

在设置、实施 OKR 后，我们需要对 OKR 的成功程度进行衡量，不能设置、实施了就放在一边，而度量型 KR 的作用，就是用以帮助我们衡量 OKR 的成功程度，正是因为这样，它又被称为衡量型 KR。通常，度量型 KR 主要又分为三种类型。

正向度量型 KR

正向度量型 KR 用词充满正能量，比如“提升”“增加”“增长”等，比如“提升客户电子优惠券赎回率到 20%”这个 KR，就是一个正向度量型 KR。这种度量型 KR 具有鼓励性质，是制定 KR 时更推荐使用的。

负向度量型 KR

负向度量型 KR 刚好与正向度量型 KR 相反，它的用词常常是“降低”“减少”“消除”等，比如上文中的“KR1：把客户流失率降到 20% 以下”“KR2：客户投诉率降低到 10% 以下”就是负向度量型 KR。当一个 KR 既可以用正向语言又可以用负向语言描述时，我建议大家使用正向语言描述。

范围度量型 KR

在设置 OKR 时，常常会出现数字，比如“提升使用率到 90%”

“降低投诉率到 10%”等，但是很多时候这个数字很难精确使用，定高了难以达到，打击员工的积极性；定低了太容易达到，员工会滋生懈怠情绪，此时就需要范围度量型 KR 帮助解决这个问题。因为我们可以建立一个可以接受的范围，不会太高，也不会太低，对员工在实施 OKR 时起指导、鼓舞作用。

里程碑型 KR

在制定 KR 时，有很多 KR 是无法被数字化的，此时使用里程碑 KR，再辅以相关的评分机制，便可以衡量 OKR 的进度，即使无法数字化的 KR 也能度量其是否合理、进度到哪里、完成度有多高等。因为里程碑 KR 不强调绝对的量化，只描述目标完成过程中的关键节点。

我举个简单的例子，来帮助大家理解里程碑型 KR。某家美妆公司，以“要在某地开一家新的美妆店，以强化品牌在当地的市场形象”为 O，以“在某地新开一家美妆店，雇用 3 个全职员工来接待该地区的客户”为其中一个 KR。那我们就可以通过评分机制，把这个 KR 转化为里程碑型 KR。

评分 1.0：3 个全职员工，在一个月内零差评，每人每天接待 100 名以上的客户，并且成交率 100%。做到这个 KR，显然是一个非常大的挑战，不成功的可能性比较大，当设置难以数字化的 KR 时，我们用这样的里程碑 KR 转化一下，就知道自己设置的 KR 是否合理了。

评分 0.7：3 个全职员工，在一个月内服务态度良好，接待 100 名以上的客户，并且成交率在 90% 以上。同样是零差评、接待客户的挑战，但这是可以达成的目标，评分低一些也无关紧要。

除此之外，评分还可以分档为 0.5 和 0.3，一般评分在 0.5~0.7 是比较成功的 KR。通过这样的评分机制，我们便可以把比较模糊的 KR 设置为有度量的 KR，让整个 OKR 有更大的可能性获得成功。

以上为大家介绍了最常见的 KR 的三种类型，希望能够帮助到大家。

需要注意的是，在设置这三个类型的 KR 时，为了增加成功的概率，我们还需要考虑健康度量项。所谓健康度量项，是指公司会频繁、常年跟踪的度量项，它是公司战略是否成功执行 OKR 的标准。比如净推荐值、收入增长率、员工敬业度等需要长期跟进，并且可以积极推动 OKR 进步的都属于健康度量项。总而言之，健康度量项就像是 OKR 的“质检师”，对于 OKR 的制定、实施、成功度每个环节都有积极作用。

KR 的制定思路

明确了 KR 的基本类型后，接下来我们就要开始着手制定 KR 了。通常，在制定关键结果 KR 的时候，我们可以按照图 5–2 中的思路来进行。

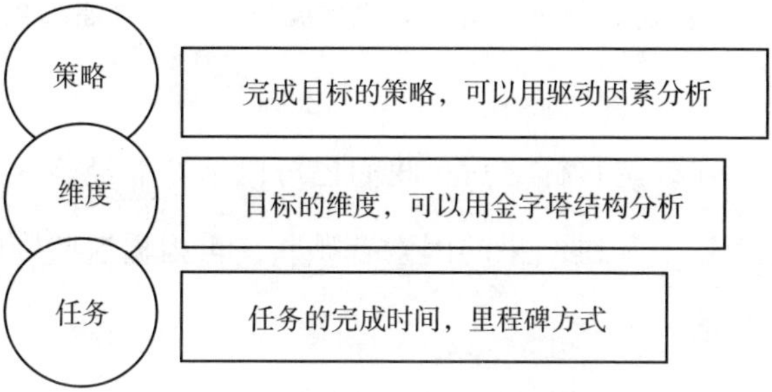

图 5–2　制定关键结果时的思路建议

按策略制定关键结果

首先，我们应该分析影响目标完成的关键驱动因素，这些关键驱动因素体现的是目标完成的逻辑假设。按照预期，只要团队能够完成这些关键结果，目标就可以实现。因此，我们应该先审核这些关键结果是否符合一般的商业逻辑。不过，我们也可以根据商业实践中已经存在的比较成熟的商业逻辑来确定关键结果。例如：销售收入＝流量 × 转化率 × 客单价，按照这个商业逻辑，我们可以制定如下 OKR。

O：提高销售收入

KR1：通过加大宣传，提高日流量至 × 人

KR2：通过优化产品组合、举办促销活动等方式，提高客单价至 × 元

KR3：通过数据分析、优化体验等方式，提高转化率至 ×%

此外，在确定目标之后，我们也可以从专业经验、行业实践等方面思考影响关键结果的因素有哪些，再根据这些影响因素来优化关键结果。

例如，我们将“提高客单价”定为目标，根据专业经验我们可以得出有 4 种方法来达成这个目标，即销售推荐、价格刺激、产品组合以及关联销售。分析这 4 种方法后，我们可以制定如下 OKR。

O：提高客单价

KR1：优化销售推荐话术，每周对所有销售人员进行一次培训

KR2：通过价格刺激措施，新增收入 × 元

KR3：通过产品组合设计，实现收入 × 元

KR4：通过关联销售设计，实现收入 × 元

按维度制定关键结果

除了前面提到的按策略制定关键结果外，我们也可以按目标的衡量维度制定关键结果。例如：

O：打造一款旗舰相机

KR1：设计新颖，获得 5 家行业主流媒体的高度认可

KR2：实现超级快充

KR3：摄像头达到超大超广角、超微距效果

当然，有时我们也需要在关键结果中制定衡量目标质量的要项。《这就是 OKR》一书的作者约翰·杜尔认为：当关键结果聚焦产出时，相匹配的关键结果应该强调工作的质量。

例如以下例子中的“4 项发明专利”，就是对工作质量的衡量。

O：完成 C 项目研发

KR1：完成 4 项发明专利

KR2：3 月底，C 项目结题获得通过

按任务制定关键结果

如果我们对于目标的实施路径非常清晰，也可以按照任务完成的时间点来制定关键结果。例如：

O：顺利导入 OKR

KR1：3 月底前，选择外部顾问组织管理层培训

KR2：4 月底前，完成管理层 OKR 撰写辅导

KR3：5 月底前，组织 OKR 复盘

值得注意的是，我们在按照策略制定 KR 时，可以展示达成目标的关键驱动因素；在按照任务的方法制定 KR 时，我们只需关注任务的完成时间。在 OKR 的制定过程中，我建议按照策略来制定 KR，这样能够让我们对目标的完成逻辑有更清晰的思考，在执行过程中更有针对性地达成目标。

当然，一个目标并不是只能按一种方法制定关键结果。例如，对于“了解用户真实需求，为概念设计提供有效支撑”的目标，我们提供了按策略和按任务两种 KR 制定方法。

方法 1：按策略方法制定

O：了解用户真实需求，为概念设计提供有效支撑

KR1：销售团队对 20% 的重点客户进行访谈，完成重点客户访谈报告

KR2：产品管理团队组织 6 场行业专家座谈会，完成专家意见汇总报告

KR3：设计团队对新老用户进行 30 次用户测试，完成测试报告

方法 2：按任务方法制定

O：了解用户真实需求，为概念设计提供有效支撑

KR1：3 月底前，分析用户类型、用户决策流程，完成用

户调研对象清单

KR2：3 月底前，通过关键竞争对手功能分析和销售部门意见收集，完成用户调研方案

KR3：4 月底前，通过数据分析和概念设计要求，完成用户需求调研报告

以上为大家介绍了制定 KR 的三种思路，在实际的操作过程中，大家不妨结合自己的实际情况思考一下哪种思路更适合。总之，不管采用哪种思路，在制定 KR 的过程中，你都应该把握一个基本原则，那就是始终要坚持以目标为起点和核心。

制定 KR 的实用技巧和注意事项

在前文中，我们将 KR 定义为衡量给定目标达成情况的一种定量描述。也就是说，如果目标 O 回答的是“我想实现什么”这一问题的话，那么关键结果 KR 回答的便是“如何实现目标 / 如何衡量目标是否完成”这一问题，听起来，这似乎不是什么难事，但在实际的操作过程中，要想创建一个有效的、能精确度量目标 O 的进度的 KR 并非易事。

本节，我将为大家详细介绍一些制定 KR 的实用技巧和注意事项，希望大家能够学以致用，真正制定出切实有效的 KR。

制定 KR 的实用技巧

总结自己的实际经验，我概括出了制定 KR 的六大实用技巧，希望能够帮助到大家（见图 5–3）。

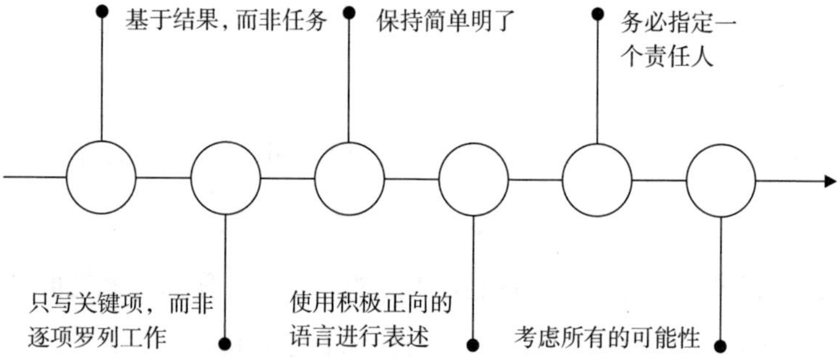

图 5–3　制定 KR 的六大实用技巧

只写关键项，而非逐项罗列工作

在制定 KR 前，我们首先应该了解，KR 不是我们列出所有任务清单来表明自己工作不易的展示工具，它的作用在于确定战略，突出对于业务而言最重要的价值驱动因素。我们可以通过具体的例子来证明这一点，如果人力资源部门在上个阶段招聘了 5 名新员工，并且打算在下个阶段再招聘 5 名员工。但是“招聘 5 名新员工”并不能成为人力资源部门的 KR，因为它只是一项正常的工作而已，并不具有挑战性，也不能让团队产生创新性思考。因此，我们应该把精力集中于能够让自己的目标取得实际进展的 KR 上。

基于结果，而非任务

首先可以肯定的是，我们设置 KR 的目的并不是制定一个任务清单，而是要找出能够影响目标的具体做法。任务通常指能够在短时间内完成的事情，其并不能成为影响目标的 KR。例如，“给目标客户发邮件”或者“会见新的销售经理”只是任务，而不是 KR。“在渠道中增加 30 个合作机会”才是一个 KR，因为它需要付出一定的努力才能实现。

那么我们应该如何区分任务和 KR 呢？事实上我们只需要对一个描述中的动词进行分析就可以得出结果。比如，如果我们使用的是“辅助”“帮助”“参与”这样的动词，那么这个描述就只是任务而非 KR。在实践中，我们可以思考：为什么要“辅助”“帮助”“参与”？这样做的目的是什么？如果我们能在价值维度问自己这样的问题，就能找到更确切的动词来描述我们的 KR。

使用积极正向的语言进行表述

KR 具有一定的前瞻性，一般会定得比较高。在描述 KR 的时候，用语一定要正面，越乐观、越积极越好。比如，“把整本书的差错率降低至 10%”，不如“把整本书的文字正确率提升至 90%”更鼓舞人心，只有正向的信息才可能调动大家的积极性和承诺感。

保持简单明了

除了要用正向的信息外，在描述 KR 时，我们还要做到准确、精练，非关键项就不要写了，只写最关键的部分。语言要平实，不需要诗意的语言，也不需要太长的篇幅，要让人看一遍就能看懂需求。

KR 描述是否准确、精练的重要指标是当季末对 KR 进行评分的时候，这一定是非常简单和轻松的过程，KR 就像老师给考卷打分一样，答题者答中几个知识点给几分。

考虑所有的可能性

我们在考虑选择哪些 KR 时，往往会理所当然地将一些备选项作为 KR，并且确信这就是目标的完美 KR。这样很容易忽视一些细节，因为过度自信会导致偏差。这里有个例子。某个快餐店的管理团队想要提高盈利能力以及客户满意度，由于缺乏相应的数据，他们理所当然地认为客户满意度较低是受到了员工流失率的影响。于是，团队将员工流失率作为一个关键度量指标，并且投入了很多精力和财力来降低员工的流失率，最后却发现离职率并不是影响客户满意度的关键因素。

因此，当我们选择 KR 时，一定要以一个实事求是的态度来认真对待所有的因素。人并不是万能的，我们对于可能影响目标的因素都要保持开放的态度。

务必指定一个责任人

当我们从上到下来推动 OKR 时，所有员工就都有了承担 KR 的机会。正因为 OKR 不是由领导指派的，所以必须有人来承担

KR。提出有效 KR 的员工，往往是对工作内容非常了解、且有自己想法的员工，他们比上司更懂其中的逻辑和困难，所以他们可以对未来一个季度的 KR 承担设计和执行的工作。

每一位 KR 负责人就像一个产品经理，他必须对每个季度需要交付的东西非常清楚，所以他们需要制订解决方案，调动资源，甚至动用自己的关系去寻找外部资源。当一个 KR 出现变动的时候，这位负责人必须重新权衡项目的可行性。比如取消了一个 KR，又新增了一个 KR，或者参与成员发生变动了，KR 的负责人都需要做重新评估和安排，他们要根据内容来增加其他任务或者减少其他任务，或者将先前的任务压后，将紧急的任务提前。

当遇到 KR 出现重要变动、明显脱离实际情况、项目实施的环境出现变动、原先存在的资源现在已经流失、项目进展了一段时间后出现严重滞后等情况时，KR 负责人都需要召集小组成员讨论，了解其中的原因和可能对未来产生的影响，要么对当前的 KR 进行修订，要么调整路径去实现目标。

在进度严重滞后的情况下，召集小组讨论可能会被认为浪费时间，其实从项目的整体运行情况来说，花费这些时间绝对是值得的。否则任由其发展，季度目标是很难实现的。这就要求 KR 的负责人有沟通能力和组织能力，能习惯性地发起讨论和交流。

有一点必须明确，KR 的负责人并不是奖惩的承担者，但是他们要负责 KR 的推动，而且这个负责人是可以轮换的，这样每个人都有表现的机会。

一个 OKR 只能有一个负责人，那么一个 OKR 小组是不是只能由一个部门或者一个公司内部的员工组成呢？其实也不一定。有时候，一个跨部门项目的负责人大概率是部门的负责人，但是协作部门的员工都会成为你的小组成员；也有时候，一个项目虽然是部门内部的，但是需要其他部门员工的加入，来进行沟通或者增加项目的透明度。虽然有些员工不是你们部门的成员，但是他们的加入就像“鲶鱼”一样能颠覆整个项目的格局，或者可以靠打破边界思维来给 OKR 小组一些新的启发。所以 OKR 小组的负责人还需要有一定的人员召集能力，扩大小组成员的边界。

我们也建议任何 OKR 项目，哪怕是内部就能完成的项目也邀请其他部门的成员来参与，哪怕只是知会进度和邀请讨论。当然，我们也不能无限地扩张小组成员的边界，正所谓“人多嘴杂”，每个人都有自己的想法，最后就容易导致成员分散，项目意见不统一，缺乏足够的聚焦。

制定 KR 时的注意事项

以上我们介绍了制定 KR 的一些实用技巧。在实际制定 KR 的过程中，我们还应该注意以下几点。

KR 不能是常规工作

一家社交网站正在计划上线一个互动小游戏，IT 部以此作为

KR 来实现提高用户活跃度的 O。这个 KR 设定得合理吗？答案显然是否定的。因为每天写多少代码，写一个什么程序实现什么功能，即使你有可量化的数据也是没有任何意义的。所以，KR 不能是日常的工作，它必须有一定的挑战性。只有设定具有较高挑战性的 KR，才可能带来更好的绩效和更高的工作效率。此外，KR 的完成难度越高，越能激发团队成员的创造力，才更有可能集中团队的智慧，让所有人独辟蹊径，去寻找更优的解决方案。

同一 KR 不能长期使用

一般 OKR 的运行周期是一个季度，但是确实存在一些 KR 需要通过长期的努力才能看到成果的情况。比如品牌影响力、用户口碑、员工满意度等，这些可以被认为是"保健类"指标。这种 KR 虽然有价值，但是很难在 3 个月内支撑企业快速发展或者解决某个实际问题。类似的 KR 不必列入我们的 OKR，因为它们不仅根本没有参考价值，还会影响我们对目标的战略聚焦。

设定 KR 也需要厘清逻辑关系

KR 是实现目标 O 最重要的指标，有时候我们看似有了一个非常有竞争力的 KR，它却要在复杂的前提下才能实现，或者它有很多的参考维度。比如，"提出一个能省油 90% 的新产品"这个 KR 可能需要很多的前提，是改成油电混合，还是降低油耗？这样的 KR 一般很难实施，需要进一步明确前提才可以。

KR 要做到尽量量化

KR 能量化的时候一定要量化，这个量化可以通过数字之外的质量、时间、成本和评价等多个维度来评判。比如，质量可以用诸如 ISO9001 之类的质量标准来进行评判；时间可以定为项目完成的时间，或者是项目完成的节点，以日、周、月、季度、年来计算；成本可以通过用了几成的预算完成了这个项目来评定；评价可以是上级评定，也可以是同事或者客户的评定。需要注意的是，不管是用哪个维度来对 KR 进行量化，我们都应该尽量做到客观公正。

有时候，我们还会遇到 KR 完全无法量化的情况，那么这时候，我们就应该尽量细化 KR，简单来说，就是要把工作任务进行拆分，即干到什么程度，干到什么标准，主要由谁负责，这一切都要搞清楚。

如果细化也做不到，那就只能流程化。有些职能部门的员工，比如设计师、打字员、会计等，他们的工作内容比较单一，很难对其进行量化和细化，此时我们就可以采用流程化的方式，根据工作流程的进度或者各个阶段的分类，为其寻找合适的考核指标。

KR 的三观必须正

职场有一句名言，老板评估什么，员工就做什么。但是有时候过于追求指标反而会让员工做一些不明智的、对公司未来发展不利的事情。

有一家连锁餐厅，每天下班的时候经常会出现有大量的熟食没有卖完的情形，当时公司为了节省成本，给每家门店制定了一个“晾晒”的 KR 指标，即要求餐厅晚上 11 点到 12 点在没有客户点单的情况下不再准备熟食。虽然从表面上看，这项 KR 似乎解决了餐厅剩菜的问题，但是夜晚点单的客户嫌上菜慢了，他们就不会光临了。这就是好心办坏事的典范，一个看似合理的 KR 却导致了不良的后果。

上述 KR 的制定技巧和注意事项大家都了解了吗？相信只要掌握了正确的方法和技巧，并关注了具体的注意事项，那么，制定一个科学合理的 KR 就不是难事了。

好的 KR 必备的七大特征

通过前面章节的学习，相信你已经掌握了制定 KR 的基本方法和基本策略。那么，当你的 KR 制定出来后，你又该如何去确定这个 KR 是否是最好、最合适的呢？

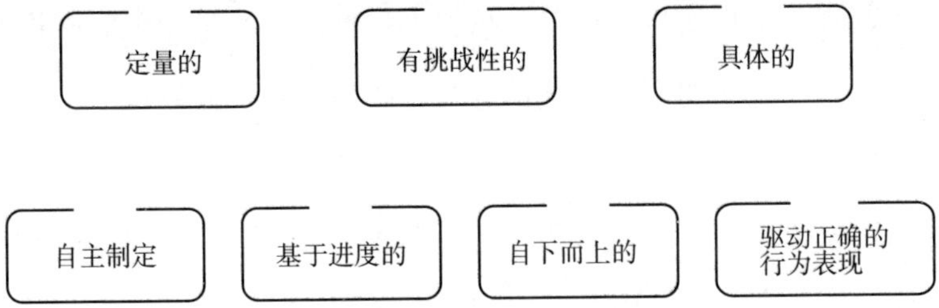

图 5–4　一个有效的 KR 需要具备的七大特征

那么，在本节的内容中，我将为大家详细介绍一个好的 KR 必备的 7 大特征，在现实的操作中，大家也可以根据这 7 大特征去具体衡量你所制定的目标结果 KR 是否科学有效。

定量的

我们在制定 OKR 时，好的目标 O 是定性的，这代表我们对战略方向有清晰的认知。同样的，一个好的 KR 应该是定量的。因为 KR 支撑 O 的完成，后续需要对其进行评分，如果 KR 模糊，O 的完成程度就会比较难衡量，所以 KR 需要定量，需要数据化、可量化，以此来帮助我们消除 OKR 实施过程中的模糊地带，确保 OKR 的顺利达成。况且，定量的 KR 带给 OKR 的益处还不止于此。正如曾经就职于谷歌的尼基特 · 德塞（Niket Desai）所说："数字还能激发创造性思考。而这些创造性思考，往往可以给 OKR 带来意想不到的收获。"

以现在比较流行的短视频为例，很多商家会将短视频与营销结合起来，实现卖货、广告、品牌形象推广、流量变现等多重效果。我们对成功的短视频营销进行分析后发现，如果从广告商的产品出发，广告商的产品做活动时点击率会增加，点击率增加会促使短视频数量增加，短视频数量增加会吸引更多的广告商加入，如此一来，公司的收入会进入增长的良性循环。

看到这里你可能会问，这与 KR 的定量有什么关系呢？其实，举这个例子就是方便大家了解，在 OKR 的具体实施过程中，如果以广告商做的产品活动、点击率的增加量、更多的广告商作为 KR，那么它们都应该匹配具体的数值，让它们变成定量的 KR，比如“广告商在每个季度做 3~5 次活动”“点击率在一个月内增加 50%”“一个月内寻找 5 家新的广告商”，这样员工才有准确的目标去奋斗，公司也有清晰的衡量标准，全力促进 OKR 的达成。

有挑战性的

前文中我提到过，目标设置要具有挑战性，这样才能带来更好的绩效、更高的效率和工作满意度。其实 KR 的制定也是如此，需要用一定的挑战性来激发团队成员的工作动力。与此同时，把 KR 设置得具有一定的挑战性还可以提高目标的完成速度，甚至鼓励员工找到与众不同的实现方法。不过为了确保 OKR 最终可以顺利达成，KR 的挑战性要以能实现为前提，且可以通过有效评分来找到实施 KR 的难度与挑战性的平衡点。

具体的

既然目标已经是一个宏观的意图了，那么 KR 一定要是具体的，否则 OKR 容易浮于表面，难以实现。举个简单的例子。三个人去山林里，找一个老师傅带他们去捉山鸡。在捉山鸡之前，老师傅问他们看到了什么？其中一个说："我看到了捉山鸡的工具，刚刚跑过去的山鸡，还有树林。"老师傅摇了摇头。另一个以为第一个人没有说全，便答道："我不仅看到了他说的一切，还看到了我们四个人和其他小动物。"老师傅又摇了摇头。这时第三个人回答道："我只看到了山鸡。"老人笑着点了点头。

通过这个例子可以看出，有明确的目标，就应该有具体的 KR，每一个 KR 制定时一定要围绕目标精准制定，这样才能去除繁杂的内容，看透目标与关键结果之间的关系，一往无前。除此之外，描述 KR 的语言也要具体，并且尽量通俗易懂，凡是容易出现歧义的概念、术语都要解释清楚，确保公司上下理解一致，可以无障碍沟通。如果需要说明的事项有很多，建议通过备注的形式进行标注。

自主制定

KR 一定要是自主制定的，即在 KR 的创建阶段，OKR 的具体责任人必须积极参加 KR 的制定过程，了解 KR 制定的所有细节和可实施性，而不是等着主管或更高层的管理者制定好后再强制分配和下发。

事实上，不仅是 KR，从原则上来说，整个 OKR 都应该由责任人自主创建，这样才能满足自上而下、自下而上的融合，从而更有利于 OKR 的实施，也能进一步增强员工对 OKR 的信任感和承诺感。

基于进度的

哈佛商学院教授特雷莎·阿马比尔（Teresa Amabile）曾描写了大量她称为进步原则（the Progress Principle）的内容，她写道："在所有能激发员工情绪、动机和感知的诸多因素中，最重要的是能在有意义的工作上取得进步。长期而言，人们越是频繁地感知到进步，他们就越有创造性。无论他们是在努力解决重大科学谜题，还是简单地生产高质量产品或提供服务，只要每天都能取得进步，即便是小小的进步，都可以在很大程度上影响他们的感受和表现。"

阿马比尔的这一进步原则对于我们制定 OKR 也是同样适用的，它告诉我们，我们所制定的 KR，必须要能支持我们频繁地看到进步，原则上来讲，这种能体现出进度变化的周期至少应该保持在两个星期一次，假设在实际的 OKR 执行中，到每个季度周期结束的时候，你仍然没法知道你所制定的 KR 是否已经达到，那么，这样的 KR 无疑就不是基于进度的，相应地，你实际上就错失了通过频繁的进度自检以增强动机和敬业度的机会。

自下而上的

我们多次强调，在制定 OKR 时，需要召集与此 OKR 相关的全体人员共同参与，无论是公司最高层的领导者，还是最基层的员工，只要参与 OKR，就要参与 OKR 的制定。具体实施层面上的 KR 尤其如此。

好的 KR 不是管理者自上而下的摊派，而是具体实施的人员自下而上制定的。我之所以强调自下而上的制定，是因为只有 KR 的制定者明白所有的来龙去脉，这样他们执行起来才更得心应手。除此之外，制定 KR 的人要对其所在的岗位有深刻的理解，如果其不具备岗位能力，他写出的 KR 往往浮于表面，不利于执行。所以，KR 往往是自下而上制定的，最好是谁实施、谁制定。如果没有制定过 KR，或者本身还没有那么强的能力，建议大家在制定 KR 时开会讨论，增加 KR 的有效性、可执行性。

驱动正确的行为表现

很多公司实施 OKR，与 OKR 可以保证员工自我驱动方向正确，使产出结果更优不无关系。但前提是这个 OKR 是有效的。即无论是 O 的制定，还是 KR 的制定，都是公司上上下下根据具体情况并且开会得出的结论。这样制定的 OKR，才能驱动正确的行为，并对战略执行起监督作用。

比如，研究人员对大多数职场人员的心理进行研究时发现，在众多目标当中，如果公司领导者更倾向于达成哪个目标，员工就会下意识地朝那个目标努力，不自觉地忽视其他目标。简单来说就是“趋利性”“投其所好”所导致的。这样最容易带来的结果是工作偏离方向，做出不理智的决策，严重的甚至会产生不道德、违反法律法规等情况。这对于个人或者公司而言都是灾难。所以，我们要确保 OKR 能够驱动正确的行为。

我以一个错误的例子来提醒大家。一家自助餐连锁总店的管理者在召集各分店管理者开会时提出一个目标，就是减少浪费，并且把降低浪费纳入绩效考核标准。众所周知，为了吸引更多的顾客，大多数自助餐都是将各式各样的餐品提前做好，盛在托盘里供大家任意选择的。在这样的前提下，碰到某天顾客比较少或吃某些餐品的顾客比较少时，餐品自然会剩下很多。而且在饮食行业，打烊后剩下的餐品都必须倒掉，不能再次销售，浪费无可避免。

为了应付公司管理者提出的目标，让评估报告更好看一些，其中一家自助餐店长想出一个方法，就是减少出菜品种和出菜量，比如以前有二三十种菜品，现在减到二十几种甚至十几种菜品，以前每个餐盘都是装得满满的，现在减少 1/3 的菜量。等顾客有需要时再出菜或者加量，如此一来自然就不会有浪费的情况产生了。这样的 KR 制定以后，短期内是减少浪费了，店长在管理者面前博得了好印象，但是过了一段时间，弊端就显现出来了——顾客的好感度下降，普遍反馈菜品、菜量不如从前，自助餐居然要等餐等，顾客流失量骤增。

很明显，顾客不会关注自助餐厅的浪费指标，他们只关注来自助餐厅吃得是否满足、快乐，一旦意识到这家自助餐厅的菜品、菜量不如从前时，他们下次就不会再光顾了。起初，“减少浪费”的目标是好的，但是他没有从实际情况出发，而是简单粗暴地以管理者的 O 为 O，以“减少菜品、菜量”为 KR，致使顾客流失，口碑受损，得不偿失。如果自助餐厅的店长在制定 KR 时可以从实际情况出发，想更好的方法来达成目标，使 KR 能够驱动正确的行为，自然可以避免这些不良后果。

总之，以上所列举的七大特征便是所有好的、切实有效的 KR 所具备的共性。在明确了这一点后，接下来，你不妨也以这七大特征为标准，去衡量一下你所设定的 KR 是否是最适合、最科学的。

第6章
OKR 在企业的使用场景有哪些

理论要联系实际毋庸置疑，一切的理论知识最终都是为实践服务的，我们学习 OKR 相关知识的终极目的，也正是更好地在企业中导入 OKR。那么，OKR 在企业的使用场景究竟有哪些呢？阅读本章内容，或许你会找到答案。

你的企业适合使用 OKR 吗?

在本章中，我将为大家具体介绍 OKR 在企业的使用场景。不过在此之前，我们首先应该明确这样一个问题，那就是你的企业真的适合使用 OKR 吗？只有在明确了这一前提后，当具体引入 OKR 的时候，我们的内心才会更有底气。

你的企业适合使用 OKR 吗？

OKR 是一种基于内在动机理念的先进的目标管理工具，强调的是目标的公开透明、目标和评价解耦、自下而上以及敏捷开放。产生内在动机的前提是工作本身富有乐趣，或者说具有价值和意义。当员工认为这项工作值得去做时，他就会全力以赴。因此，OKR 适合相对复杂，具有高创造性的工作场景，这些工作的趣味性、创造性以及 OKR 的管理方式，能够极大地激发员工的好奇心，释放他们的潜能。

那么，你的企业是否适合使用 OKR 呢？要回答这个问题，你不妨先闭上眼睛认真地评估一下你的企业：如果管理者没有安排任务，员工是急切地想做更多的工作，还是会放松下来甚至偷懒？员工中有多少人是因为自己喜欢这份工作而在这里工作的呢？

针对上述问题，如果你的回答是在你的企业中，工作本身就对员工有足够的吸引力，那么恭喜你，你的企业无疑是最适合引入 OKR 的一类。这是因为，当工作本身就具有足够的吸引力时，那么工作本身就是对工作最好的回报，这和 OKR 的理念是非常契合的。

说到这里，可能有人又会生出疑问：在我的企业中，工作本身就是无趣而乏味的，也谈不上具有什么内在动机，那么，这是不是就意味着我的企业不适合引入 OKR，而只适合通过外部管理手段，比如“胡萝卜加大棒”的方式，去强制大家完成工作呢？

这个问题的答案不是固定的。的确，从表面上看，如果当一个企业的员工和主管都认为他们的工作实在没有任何意义的时候，那么就只有采取外部手段去强制他们完成工作了。

但是我们应该了解到一点，很多事情的价值和意义都是人为注入的，没有什么事情在一开始就有意义。举个例子，朝圣是一个苦力活，但是对于一个虔诚的信徒来说，他就会认为这是特别有意义的一件事。因此，即便是枯燥乏味的工作，只要我们能够适当地注入价值或者意义，一样能够调动员工内心的积极性。如果能够达到这样的效果，那么 OKR 同样是适用的。

OKR 使用成熟度评估模型

上文的内容已经分析了什么样的企业适合采用 OKR，通过这些分析，我们对 OKR 的适用性也有了相关的了解。不过即便企业适合采用 OKR，我们也应该分析企业使用 OKR 的成熟度问题，这样才能帮助企业进一步确定自己是否真的能够使用 OKR。

接下来，我将从业务不确定性程度、管理成熟度、员工成熟度三个角度来评估企业使用 OKR 的成熟度（见图 6–1）。

成熟度评估要素 1——业务不确定性程度

强调敏捷性以及根据快速适配业务需求来不断调整目标是 OKR 最显著的特征，这些特征都能够很好地应对不确定性，因此

OKR 天然适合业务不确定性程度较高的企业。除此之外，创新业务不仅本来就具备不确定性，而且鼓励员工去进行尝试和冒险，而这些都不能用预定的目标来考核，否则会限制员工的探索，因此 OKR 也很适合创新业务。

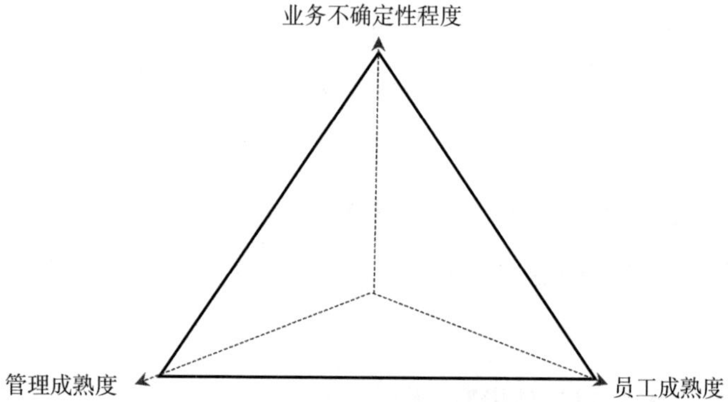

图 6–1　OKR 使用成熟度评估模型

如果是确定的业务，传统的管理者可能更倾向于采用泰勒式管理，以便于管控每一个工作过程，以此来提升各个环节的工作效率。该模式虽然对每个细节都做到了严格的、精细化的控制，却剥夺了员工的自主权，减少了工作的乐趣。员工也变成了被操控的机器，处于被动的地位，无法在工作中发挥积极主动性。此时，如果我们换一种思路，通过引入 OKR 赋予员工一定的自主性，这样不仅能为工作注入新的价值和意义，同时也能激发出员工的工作积极性。不过，赋予员工自主性也一定要以管理者能够转变自己的管理理念为前提。

成熟度评估要素 2——管理成熟度

OKR 强调目标应该自下而上制定，以此来激发员工对部门目标和企业目标的承诺意识。这也需要管理者基于信任给予员工一定的自主权，让员工发挥主动性和积极性。管理者可以在这个过程中为员工提供相应的支持和帮助，来确保员工的努力方向与公司的战略规划相一致，但是，最终的自主权还是要交到员工手中。

在引入 OKR 的过程中，如果管理者每件小事都要经手，这就与 OKR 的管理理念相冲突了。即使引入了 OKR，它最终也会成为另一种形式的 KPI。这也是我强调管理者要转变管理风格，给予员工一定信任的重要原因。总之，从根本上来说，管理者转变管理风格是开展 OKR 的前提条件。

那么，管理者应该如何转变自己的管理风格呢？换言之，管理者的管理风格又可以分为哪些类型呢？在政治社会学家詹姆斯·麦格雷戈·伯恩斯（James MacGregor Burns）于 1978 年撰写的《领导力》一书中，他将领导力分为交易型领导力和变革型领导力两种类型。简单来说，交易型领导力指的是领导者与成员之间是纯粹的价值交换关系，他们之间存在一种契约式交易。在这个交易过程中，下属服从领导的命令和指挥，完成其派发的任务和指标；而领导则为下属提供物质报酬、实物奖励、晋升机会以及荣誉等，以满足员工在工作上的需要和愿望。而变革型领导力则是指领导者通过改变员工的信念与价值来提升其需求层次，让他们能够意识到工作目标的价值，或者是通过规划愿景来激励员工，让他们进一步提升自己的工作激情，并且帮助他们学习、掌握新的技能，开发其潜能，以此增进团队的整体效能。

从这二者的定义中不难看出，变革型领导力与OKR更为匹配。这也就意味着，OKR 需要领导者具备一定的变革型领导力，通过愿景、价值和意义来激励员工更加努力地工作，而不是仅仅靠物质驱动。

成熟度评估要素 3——员工成熟度

OKR 期待激发员工的内在动机，然而员工的内在动机又受到马斯洛需求层级的影响和限制，如果员工的需求是物质，那么领导者很难以工作的使命和意义来打动他们。

这也是我国经济处于初级阶段时几乎没有企业引入 OKR 的关键原因。不过，如今随着经济的不断发展，人们的生活水平也得到了显著改善，在我国，已经出现了大量的中产阶级，人们的需求层次也在不断提升，相应地，人们工作的动机也从满足温饱上升到了内在动机层次上，因此，OKR 逐渐引起了众多管理者的注意。

例如，在企业发展的初期，很多员工希望管理者能够多分配一些精力在员工的管理与协调上。而到了中后期，企业不仅提高了薪酬水平，同时也提升了招聘员工的门槛，随之而来的是员工的素质得到大幅提升，此时员工的建议也相应地转变为希望管理者能够放权，给予员工更多自主权，以简化办事流程。从希望被管到希望得到更多的授权，这从侧面证明了员工的素质有了巨大的飞跃。在这样的背景下，引入 OKR 正是满足了员工的需求，也更有利于相关工作的开展。

因此，如果想要引入 OKR，管理者应该首先判断企业员工是否成熟，他们是否能够在工作中发挥积极性和主动性。总之，只有在做好相关的评估和准备工作后，才能引进 OKR，否则只会带来混乱。

场景 1：召开 OKR 会议，制定战略目标

毋庸置疑，OKR 是一种先进的目标管理工具，从本节开始，我将详细为大家介绍 OKR 在企业中的具体使用场景以及在每种场景中的具体使用方法。首先，让我们一起来了解一下 OKR 的第一个，也是最重要的一个使用场景——召开 OKR 会议，制定战略目标。

需要说明的是，我们已经在前面的内容中讨论过，OKR 最大的特征之一就是敏捷开放，这意味着，企业对实施 OKR 的周期设定并没有统一的标准，不过，目前使用最多也最为推荐的做法是按季度来设定周期，因此在这里，我们提出的召开 OKR 会议也就是召开季度 OKR 会议。针对那些以年、以月或者以其他周期开展 OKR，需要召开年度、月度或者其他周期 OKR 会议的企业，大家可以把本节内容作为参考，举一反三。

我们都知道，设定 OKR 并不是一件容易的事，因为对任何一个企业而言，OKR 的设定过程，其实也是一个审视企业自身并对企业战略方向进行艰难争论和选择的过程。因此，在召开会议的时候，每

一个环节都必须进行认真的思考和仔细的设计，如此这般，才能够真正得到最好的结果。接下来，我们就一起从会议前准备、流程以及注意事项三个方面来谈一谈企业的季度 OKR 会议究竟应该怎么开。

会议前准备

在季度 OKR 会议召开之前，我们首先要做好准备工作。具体来说，会议前的准备工作主要有以下两项。

向全体员工征询意见

会议组织者应该在会议召开前几天收集全体员工的意见，让他们认真思考公司近期的重点目标。在收集员工意见之前，会议组织者要给他们一天的时间思考。一天的思考时间，对一家忙碌的公司来说已经足够了，时间太长员工反而容易拖延。

收集员工的聚焦目标

在会议开始之前，组织者可以让部门主管收集并统计员工的聚焦目标（就是提出人数最多、员工最认同的目标）。

会议流程

准备工作做好后，接下来就是正式召开会议了。一般来说，会议的时间应该控制在 4~5 个小时，可分为上下半场来进行，中间预留半小时的休息时间。另外，我们可以准备一些便利贴，用来列举目标和想法。

会议开始之后，主持人可以先展示员工最认同的目标，然后再请高管补充自己的目标。当所有的目标都罗列出来以后，所有参会人员要一起把重复的目标剔除，把相似的目标合并。最后，大家通过投票选出最重要的 3 个目标。

对选出的 3 个目标进行处理，这个处理过程又依次包括几个步骤：讨论、辩论、争论、投票排序、做决定。

这几个步骤完成后，就意味着会议的上半场结束了，此时，主持人可以根据团队的具体情况安排休息。

接下来就到会议的高潮了，这个过程可以分为五个步骤来进行。

（1）自由列举

所谓的自由列举就是指动员所有参会的高管自由列举他们想到的所有能衡量目标的指标。

需要注意的是，作为一种思维方法，自由列举本身就是一种非常高效的头脑风暴，能让团队得出各种各样不错的想法。因此在这个环节，我们应该在时间允许的范围内尽量多分配一些时间，并且鼓励参会人员尽可能多地写下关于某个主题的想法。当然，为了方便进行删改和调整位置，参会成员想出的每一个想法最好都用单独的便利贴去记录。

总之，在这个过程中，只要大家齐心协力，就一定可以得到许多有趣而有用的想法。

（2）将想法归类分组

通过自由列举，我们会得到许多的想法，接下来要做的就是将这些想法归类分组，把便利贴有序地排列起来。

（3）最终确定三个关键指标

如果在列举想法时，有三个人都写了 DAU（daily active users，每日活跃用户），那么就代表这个指标获得了三票。我们要在所有的指标中，找出得票数最多的三个想法，并把它们作为衡量目标的关键指标（比如，收入、需求量和 DAU）。

一般情况下，衡量目标的关键指标不外乎是用户数、收入和满意度这三类，但是，这三类关键指标不一定适用于所有的目标。我们召开 OKR 会议的目的就是找出衡量目标的不同方法，以保证产品的可持续发展。

要注意的是，如果我们确定的关键指标中有两项都是收入类指标，就意味着团队的思想出现了偏差。因为，员工把关注点过多地放在收入指标上，会导致他们只顾追求短期利益，伤害用户留存率、用户满意度等长期利益。

（4）给关键结果设置具体目标值

接下来，我们要给每个关键结果设置具体的数值，这个目标数值不仅要有一定的挑战性，还要让团队有信心去完成它。每个部门、每个人都要互相审视彼此的目标，看看是否有人故意“放水”，给自己设定较低的目标，或者是否有人太急于求成，给自己设定了不可能完成的目标。如果有人对目标存在争议，他应该在会议上提出来讨论，千万不要等季度过半再因为目标不合理而“扯皮”。

（5）尾声

最后，用 5 分钟来确认最终的 OKR，到了这一步，OKR 的季度会议也就进入了尾声。在这个步骤中，我们需要就已经确定好的 OKR 向参会人员征求意见。简单来说，就是问他们以下问题。

设定的目标是让人受鼓舞并有灵感的目标吗？

设置的关键结果有意义吗？它们很难实现吗？

团队成员能和 OKR 一起顺利度过这个季度吗？

如果参会人员对于这些问题心存疑虑，那么，就需要对已经设定好的 OKR 不断地进行调整，直到所有参会人员都满意为止。

会议的注意事项

在召开季度 OKR 会议的过程中，我们还应该注意以下事项，如图 6–2 所示。

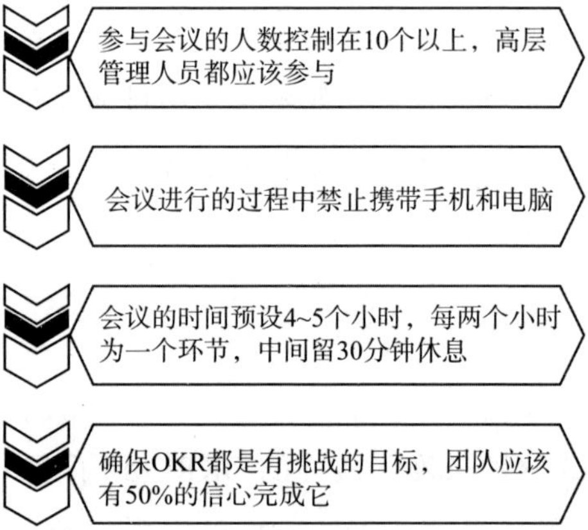

图 6–2　会议的注意事项

场景 2：将部门的 OKR 和公司目标进行关联

在现实的生活中，不知道大家是否也有这样的感受，即有时候，我们似乎很难去衡量设计、研发、财务、客户服务等部门做出的具体贡献。那么，如何才能改变这种现状呢？答案其实很简单，那就是在实施 OKR 的过程中，做到将部门的 OKR 和公司目标进行关联。

说到这里，可能很多人又会生出疑问：怎样才能将部门的

OKR 和公司目标进行关联呢？在这个过程中，我们就需要借助 OKR 教练的帮助，通过他们去向部门主管提出一些诸如“你的团队如何对公司做出贡献”之类的问题，从而鼓励部门主管发挥创造力，将自己部门的 OKR 进行量化，与公司目标关联起来。

在本节中，我将为大家详细介绍 OKR 教练指导部门领导制定可衡量的 OKR 的具体方法，当然，在这之前，我们首先要一起来了解一下究竟什么是 OKR 教练。

什么是 OKR 教练?

简单来说，OKR 教练，就是指在 OKR 实施的过程中，为团队提供专业辅导和有力支撑，帮助团队掌握目标管理的方法，并指导团队进行目标管理实践，激发团队和员工潜能的使能者。

在我看来，OKR 教练在企业 OKR 的实施过程中扮演着非常重要的角色，这是因为，OKR 的开展需要有专业人士辅导，自己摸索可能会走很多弯路。总的来说，OKR 教练主要扮演着三个角色，如图 6–3 所示。

理念的布道者（Preacher）

OKR 教练需要谙熟 OKR 的核心理念，并且相信其核心理念能够对团队和员工产生很大的激励作用，同时，他能够促进 OKR 核心理念的广泛传播，让它被更多的管理者和员工所掌握。

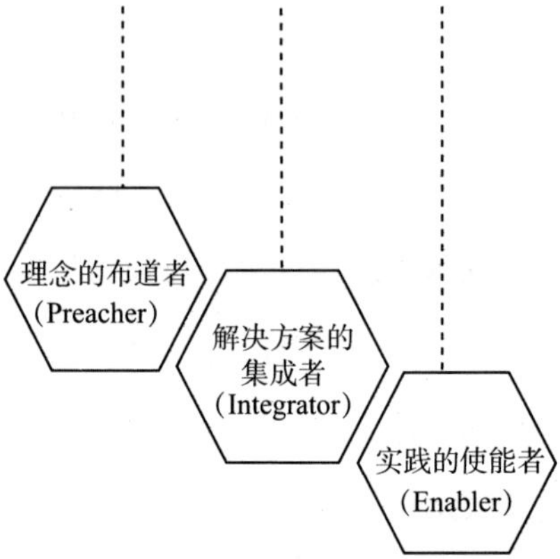

图 6–3 OKR 教练扮演的三个角色

解决方案的集成者（Integrator）

OKR 教练在推进 OKR 时要善于发现团队中优秀的实践经验，并且能够将其提炼总结，融入团队的发展理念之中，最终形成团队特有的文化。

实践的使能者（Enabler）

团队主管是 OKR 实施的直接责任人，因此 OKR 教练应该在 OKR 推进的过程中关注每一个细节，帮助团队主管克服实施过程中的各种障碍，促进 OKR 的顺利推进和实施。

这三个角色相辅相成，缺一不可，而它们的英文首字母正好组成英文单词 pie，即“蛋糕”和“饼”的意思，形象地说，OKR 教练要做的就是帮助团队将“蛋糕”做大，为企业创造出更多的价值。

OKR 是绩效管理理念的根本转变，在 OKR 教练的三个角色模型中，最重要的就是理念的布道者，只有将 OKR 的理念深深植入管理者和员工脑海之中，让他们将其提升到内在动机层面，才能为 OKR 的实施做好理念上的准备。在转变理念之后，OKR 教练除了帮助团队成功推进 OKR，还应该让团队吸收好的做法，让 OKR 的理念融入团队的血液之中。

OKR 教练案例：量化研发对销售的贡献

相信通过对前文的学习，大家对于什么是 OKR 教练已经有了一点了解，那么接下来，我们就要切入正题，一起来聊聊如何通过 OKR 教练，去引导管理者设定自己的 OKR，从而将服务部门的 OKR 和公司目标进行关联，显著提高 OKR 的质量和效果。

为了让大家更好地理解这一点，关于这部分内容，我将通过一个 OKR 教练会议的真实片段来展示。

在某大型软件公司的研发团队指导会议上，研发经理和 OKR 教练之间进行了一段对话。

研发经理：我的主要目标是帮助我们的销售团队实现他们的目标。

OKR 教练：那么在本季度末，我们怎么去确认研发团队是否帮助了销售团队？

研发经理：嗯，这是个值得思考的问题。（他停顿了下来。）

OKR 教练：好吧，在最近一年成交的客户中，你能说出一个研发部门对销售过程有明显帮助的例子吗？

研发经理：好像举不出来，但是我想这是一个非常值得获取的数据。说我们是在帮助销售团队完成交易也不恰当，我们两个部门都会跟进潜在客户。

对话进行到这里之后，研发经理继续提出了下面两个关键结果。

KR1：在第二季度中为 5 个主要潜在客户提供销售支持

KR2：在第二季度末对销售团队进行新的培训

虽然这两个关键结果的方向是对的，但事实上我们还是很难对它们进行衡量。下面，我们就以第一个关键结果，即“在第二季度中为 5 个主要潜在客户提供销售支持”为例，看看 OKR 教练是怎么帮助研发经理将这个关键结果转化为可衡量的关键结果的。

继续看研发经理和 OKR 教练之间的对话。

OKR 教练：主要潜在客户和次要潜在客户之间有明显的区别吗？（通过解决歧义让关键结果更明确）

研发经理：不完全一样。

OKR 教练：你和销售副总裁在主要潜在客户的定义上想法一致吗？（确保各部门对关键结果的理解一致）

研发经理：我们用“年收入 10 万美元以上”来界定潜在客户是不是主要客户，然后可以由销售副总裁再确定这个定义是否准确。

OKR 教练：你有没有汇总过这些提供销售支持的案例的数量？（要确认历史数据，以便我们知道这个关键结果的确是可衡量的）

研发经理：没有。

OKR 教练：研发部门提供销售支持的预期结果是什么？（确保实现目标的重点是关注结果而不是任务）

研发经理：我们要协助做出决策，继续跟进销售或终止这笔交易。

OKR 教练：如果这 5 个提供销售支持的结果都失败了怎么办？这算实现了目标吗？（校准边界条件）

研发经理：不算，如果出于技术原因失去了这笔交易，就不算是成功的支持。也许我们应该将关键结果定义为“确保出于技术原因丢失的主要潜在客户（年收入 10 万美元以上）不超过 3 个”。

OKR 教练：这就上路了。但现在制定的关键结果是消极的，我们可以制定一个积极的关键结果框架——“技术合格率”基线。例如，如果我们在会议上确认了 10 个年收入 10 万美元以上的潜在客户，其中 8 个的推进没有技术异议，因此技术合格率是 80%。（确保关键结果是积极的）

研发经理很认同用技术合格率来衡量目标的建议。OKR 教练会议的最后结果是，研发经理与销售副总裁一起确认了技术合格率是衡量研发对销售额贡献程度的有效指标。

以上，便是一个通过 OKR 教练让研发部门的 OKR 和公司目标进行关联的全过程。当然，在实际的操作中，这里的研发部门，也可以变为销售、行政等其他部门，大家可以根据自己的实际情况举一反三，这里只是通过一个案例向大家展示具体的方法。

场景 3：为最小化可行产品（MVP）使用 OKR

在我过去的职业生涯中，我曾尝试着在我所服务的企业中用一些不同的方法来使用 OKR。我发现，对于企业而言，OKR 的确是一个非常全面的绩效管理方法，它在许多的场景中都可以得到很好的运用，比如，它既可以被用来调整每个员工的工作重点，也可以被用于帮助每个部门实现自主。

不过在众多的运用场景中，OKR 最持久有效的应用还是在项目的管理上。下面，我就以我服务过的 M 公司为例，来为大家详细讲解 OKR 的第三个使用场景：为最小化可行产品使用 OKR。

如何为最小化可行产品使用 OKR

M 公司在为最小化可行产品使用 OKR 时，最核心的内容是在工作中使用看板来做项目敏捷开发的日程安排。具体来说，他们首先会安排公司产品开发部的员工提出自己想要开发的新产品功能，并且，每一个被提出的 MVP 都必须概括出一个清晰的目标、一系列关键结果，以及一些必要的字段，包括标准化的描述、具体需求、其他说明以及原型草图等，这些信息都将被记录在一张看板卡片上（如图 6–4 所示），以方便员工之间以及其他团队成员更好地理解为什么要开发这个新的产品功能，以及对其抱有信心。

图 6–4　M 公司的 MVP 看板卡片模板

不难看出，图中的看板卡片模板中所记录的内容其实就是员工设定的 OKR，只是在这里，他们选择了用“假设”去替代“目标”，之所以这样设定，是为了鼓励员工在开发产品时有更多的研发方法，这里的“假设”代表的其实就是“我们认为它可以实现”的意思，从而增强员工实现目标的信心。

而选择把 OKR 放在看板卡片上，是为了使团队在创建任何东西之前都必须回答两个重要的问题：一是通过这个功能试图达成什么目的？二是怎样衡量项目的成功与失败？

通常，这些记录着员工提出的新产品功能开发计划，以及概括的关于新产品功能的目标和关键结果的看板卡片，即员工设定的 OKR，会被放置在一个被标记为“潜在项目”的看板上。

随后，产品团队会在进行讨论之后从这些潜在项目中挑出一个或几个他们一致认为最值得发布的 MVP，这些被挑选出来的 MVP 将被移动到另一个被标记为“待办事项”的看板中。

当确定了要开发某个项目并开始着手进行的时候，他们会把相应的 MVP 从“待办事项”的看板中取出，并将它纳入开发阶段，转移到另一个被标记为“正在进行”的看板中。

当项目最终完成，他们又会将已完成的项目转移到最后一个被标记为“已完成”的看板中。

至此，通过这 4 个代表着项目不同进展阶段的看板，M 公司所有人的工作进展以及工作流程便变得一目了然。

为最小化可行产品使用 OKR 的好处

以上我们介绍了 M 公司为最小化可行产品使用 OKR 的详细过程，并且强调了在这个过程中，M 公司会选择使用看板来做项目敏捷开发的日程安排。那么，这样做能产生怎样的效果呢？

总的来说，M 公司的这种为最小化可行产品使用 OKR 的做法能够使得产品开发部门的工作保持一个公开透明的状态，方便产品开发相关人员互动协作，从而保证工作顺利进行。

具体来说，这种好处体现在以下几个方面。

使前期调研更有逻辑

在所有的产品功能都有明确的 OKR 后，产品前期调研就有了依据，产品开发人员在做前期调研工作时也会更有逻辑。而且，这些 OKR 对后期的产品设计和产品研发也能起到很好的指导作用。

便于设定工作优先级

对产品使用 OKR，可以为产品路线上的功能划分主次，我们在安排项目进度的时候，就可以按路线图上功能的重要程度来设定工作的优先级。

让产品与商业目标结合

如果公司的商业目标是提升新客户的活跃度，那么产品开发人员就把工作重点放在有助于提升用户活跃度的功能上。这样做可以把公司的大目标和各部门的 OKR 结合起来，让所有人都朝着一个方向努力。

建立统一的认知框架，促进合作

在一家公司里，分工不同、职责不同的人要经常聚集在一起讨论产品路线图，这个时候，如果大家没有建立统一的认知框架，就会让讨论陷入僵局。而产品的 OKR 恰好能解决这个问题，通过 OKR 大家能很快明确功能的优先级及其背后的业务逻辑，在讨论问题时就会更有效率。

如果有人提出了更有价值的观点，大家也可以共同探讨它的价值（目标）和实际意义（关键结果），这样可以促进合作，并产生更多有建设性的观点。

在结果中总结学习

对产品使用 OKR 的最大好处是可以帮助我们衡量目标的完成情况以及评价取得的结果，我们可以对结果进行总结并从中学习。我们可以用一个电子表格来追踪所有已发布的与 MVP 关联的关键结果，并经常对这些关键结果进行评审和总结。

我们还可以为每个项目的 OKR 设置一个截止时间，这样我们就知道产品功能的价值应该在何时衡量。截止时间一到，产品开发团队就可以整理好关键结果的完成情况，然后根据这些关键结果讨论产品设计上的不足和收获。

总而言之，如果在做最小化可行产品开发时能引入 OKR，我们就能对工作进行更好的优先级排序，相关人员能更高效地沟通，更快速地学习和总结。同时，我们也能养成更好的沟通习惯。

第7章

模板大全：企业各部门如何制定 OKR

尽管不同的企业、不同的员工应该设置不同的OKR，但是从大的方向上来讲,OKR的制定其实是有一定的参考模板的。掌握这些OKR模板，能够帮助你更快速、更有效地制定符合自己岗位需求的OKR，不过，在这个过程中，切忌照搬照抄。

产品设计部门如何制定 OKR？

通过前文的学习，相信大家一定都知道了在OKR的实施过程中，制定目标和关键结果是非常重要的。一般来说，在OKR中，目标O是定性的，它回答的是“我想实现什么”的问题，它的制定应该强调激励性；而KR则是一种用于衡量目标达成情况的定量描述，它回答的是“如何实现目标 / 如何衡量目标是否完成”的问题，在制定KR的过程中，最难的部分就是如何把目标中定性的描述转变为定量的表示。

并且，我们也知道了制定有效的 OKR 一定要满足 SMART 原则，即制定的 OKR 一定要是明确的、可衡量的、可实现的，以及有相关性和时限性。

此时，许多人可能又会产生疑问：理论知识我都掌握了，关键是在实践操作中，应该怎样进行呢？为了帮助大家更好地将理论应用于实际，在本章，我将为企业中大部分职位角色提供一系列的 OKR 模版，以供参考。

首先，我们要介绍的是产品设计部门的 OKR 制定方法。通常，产品设计部门又可以分为产品和设计两大团队，下面，我们就从这两个团队的实际岗位设定出发，来为大家提供具体岗位的OKR模板。

产品团队

产品经理、产品主管和文档撰写是产品团队的三大主要岗位，接下来，我们一一介绍这三大岗位的 OKR 模板

产品经理

O1：产品日活率增长 ××%

KR1：联系或拜访超过 ×× 名用户，获取用户反馈

KR2：筛选高级用户，并记录他们的行为

KR3：分析竞品优势，取长补短

O2：开发第三方合作伙伴

KR1：截至 10 月中旬，完成与合作伙伴的产品培训

KR2：截至 10 月底，寻找到新的供应商并签署目标协议

KR3：截至 11 月底，与优质业务合作者加深合作

KR4：截至 12 月之前，与大数据团队合作，制订推广、整合计划

O3：在第四季度完成与产品相关人员的 KPI 会议

KR1：完成与市场、研发、销售、营销等部门的 KPI 会议

KR2：开发、分析团队合作的产品 KPI 数据表

KR3：分析普通用户与优质用户，尤其是付费用户的生命周期价值

O4：为高级用户创建和发布功能

KR1：截至 10 月初，采访 4 位高级用户

KR2；截至 10 月底，开发 5 个用例

KR3：完成产品主管的功能要求，并在 11 月上旬之前提交设计和开发要求

KR4：截至 12 月初，发送高级用户订阅功能，将高级订阅订量提高 3%

产品主管

O1：第一季度结束时实现平台的续约增长

KR1：截至第一季度，实现日活跃用户增长 6%

KR2：截至第一季度，实现周活跃用户增长 12%

KR3：截至第一季度，实现月活跃用户增长 16%

O2：管理产品生命周期和产品战略规划

KR1：截至 1 月，与产品干系人、研发、设计、产品、工程师、运维确定最终的需求

KR2：截至 3 月，与市场团队确定用例文档

KR3：截至第一季度，完成整个第一季度的产品功能优先级和流程的处理

文档撰写

O1：在客户支持门户中重构内容

KR1：截至 4 月底，移除多余的文件

KR2：截至 5 月下旬，在客户支持的帮助下，聚焦并改进常见问题的解答

KR3：截至 6 月中旬，与产品团队提出并分享新的风格指南

O2：为 2015 年秋季版本创建内容和文档

KR1：截至 4 月底，记录产品的增加 / 删除，并与客户组织部门分享

KR2：截至 5 月底，与 PM 和主要参与者见面，了解新功能和用例

KR3：截至 7 月中旬，产品发布日期前一个月向用户群发送发行说明

设计团队

这里将要介绍的设计团队的 OKR 模板，主要包括以下 4 个岗位，如下所示。

设计主管

O1：确保企业设计风格、语言与新产品保持一致

KR1：搜集用户对新产品各方面的反馈意见

KR2：与设计人员开会，讨论最新的设计原则

KR3：调整企业风格，使其可以匹配新产品、品牌风格

O2：第一季度结束前制订新计划，推动产品销量

KR1：根据新产品特色在 1 月中旬之前制定出具体的促销活动

KR2：第一季度内邀请 ×× 位知名人士为产品背书或进行推广

KR3：每月开展学习小组，提升设计人员的业务能力

产品设计师

O1：为新产品上线设计主要的视觉与交互

KR1：截至 1 月中旬，参与用户研究团队的用户访谈 4 次

KR2：截至 1 月底，与研发主管和 QA 主管开碰头会 3 次

KR3：截至第一季度，完成 5 个设计原型并提交给主管

O2：改善并优化产品

KR1：截至 2 月中旬，参加 1 次产品经理全球大会

KR2：在 2 月底实现并上线一个全新的企业新员工入职流程管理功能

KR3：截至 3 月底，完成 3 个迭代周期产品原型

KR4：截至第一季度，完成 4 篇产品功能更新日记

市场设计师

O1：截至 3 月底，为企业的开发者事件创建设计标识

KR1：截至 2 月上旬，带领营销团队和品牌代理商进行三轮头脑风暴

KR2：截至 2 月中旬，完成 9 个不同的主题探索

KR3：截至 3 月底，设计包括广告牌、巴士面板和网站登录页面在内的全面活动

O2：提供全面的产品功能指南，以支持 3 月底之前的营销和销售工作

KR1：截至 3 月上旬，与内容营销商协调定义指南内容

KR2：制定品牌的统一模板，在 3 月之前翻译内容信息

KR3：布置内容并在 3 月前创建插图、图标和图表，在 3 月上旬发布企业资源页面的功能指南

用户研究

O1：建立完整的客户目标群体和用户画像指南

KR1：截至 2 月中旬，上门拜访 8 家合作客户

KR2：在 3 月之前进行 50 次用户访谈，不包含上门拜访

KR3：截至 3 月中旬，为产品中前 10% 的用户建立用户模型

KR4：截至第一季度，把用户访谈和调查问卷数据汇总成一份用户画像指南

O2：实现并使用新的用户研究迭代流程

KR1：在 2 月之前与研发、产品和市场、运营等干系人一起确定迭代计划

KR2：截至第一季度，向干系人收集对于迭代流程的反馈和建议

KR3：截至第一季度，测试新的迭代流程

总之，作为 OKR 实施中非常关键的一环，制定目标和关键结果直接关系着企业实施 OKR 的成败，在本节中，我们已经提供了产品设计部门的 OKR 模板，接下来，我们还将提供更多部门、职位的 OKR 示例，希望能够帮助到大家。

客服部门如何制定 OKR？

介绍完了产品设计部门，接下来要介绍的便是客服部门的 OKR 模板。

相信大部分的企业都设有客服部这一重要的服务部门，所以提到客服，大家一定会感觉很熟悉。简单来说，所谓的客服部门，就是以客户满意为服务宗旨，主要负责客户开发、接待，收集、

建立客户信息档案，配合推进市场等工作的部门，其工作直接与客户相关，往往关系着客户对企业的观感。

关于这一部门的组织架构，不同的行业、不同的领域具有不同的要求，而不同的企业，也具有不同的设置。在这里，我们要介绍的 OKR 模板主要来自以下三类。这三大岗位，也是大多数企业的客服部门都具有的。

客服总监

O1：第一季度结束前为一级客户建立手册

KR1：1 月底前完成一级客户新指南撰写工作

KR2：2 月底前推出客户支持方案

KR3：3 月中旬完成客户成功模板设计

O2：第四季度结束前，将客户续费率提高到 90% 以上

KR1：第一季度结束前，确保每位客户经理完成 ×× 名用户续费计划

KR2：第二季度与每位战略客户的负责人开会，收集相关信息

KR3：第三季度结束前，对每位客户进行商业价值评估，为第四季度提供依据

O3：截至 6 月底，打造一个世界级的客服团队

KR1：截至 4 月中旬，搭建新的团队内部分享学习制度

KR2：截至 5 月中旬，雇用两位新的客户成功专员

KR3：截至 6 月底，完成季度团建活动

O4：截至 6 月底，为战略客户创建 VIP（贵宾）服务计划

KR1：截至 4 月底，定义 VIP 服务专员的特征

KR2：截至 4 月中旬，确定 2 到 3 名候选人

KR3：截至 6 月底，为每个战略客户配备一名 VIP 服务专员

客服经理

O1：截至 6 月底，成功让一家标杆行业的明星客户续费

KR1：截至 4 月中旬，对对接负责人进行指导和培训

KR2：截至 5 月中旬，筛选标杆行业的顶尖客户

KR3：截至 6 月底，对客户进行全体员工培训

O2：截至 6 月底，成功让一家全球性集团续费

KR1：截至 4 月中旬，筛选全球性集团

KR2：截至 5 月中旬，对对接负责人进行指导和培训

KR3：截至 6 月底，对客户的全体员工进行培训

O3：截至 6 月底，执行季度团建活动

KR1：截至 4 月中旬，收集团队成员意见并预定活动地点

KR2：截至 5 月初，为参加活动的成员制作 T 恤衫

KR3：截至 6 月中旬，进行团队建设并记录活动详情

客服专员

O1：3 月底前熟悉 ×× 套客户服务话术

KR1：2 月中旬参加客户服务部组织的话术培训

KR2：2 月底前与同事监督、合作完成话术练习

KR3：3 月底前完成客户服务部组织的考核

O2：上岗后保证客户满意度超过 90%

KR1：保证电话接通率超过 95%

KR2：整理用户投诉，提供免费折扣消除负面影响

KR3：配合上级工作，听取意见

以上就是客服部门的 OKR 模板，大家如果有需要，可以借鉴

技术研发部门如何制定 OKR？

或许你也曾听说过一个笑话：程序员为了让自己的代码有“优化”的空间，他在其中植入延迟的代码。这事实上说明了一个问题，那就是用僵化的指标来衡量技术人员的工作量是极度不合理的。

一个企业的技术研发部门承担着研制和开发新产品、完善产品功能的任务，合理有效的 OKR 能够激发技术人员工作的激情，提高技术研发部门的工作效率。接下来，我将为大家介绍技术研发部门的 OKR 模板。

敏捷开发团队

敏捷开发指的是采用迭代、循序渐进的方法进行软件开发。团队可以把一个大项目分成多个相互联系并且能够独立运行的小项目，分别完成，在这个过程中软件处于可使用状态。敏捷开发团队的成员一般由研发主管、研发经理、软件工程师组成，我们将从这三个岗位来分别介绍技术研发部门的 OKR 模板。

研发主管

O1：成功完成 Web 组 Sprint

KR1：成功完成 Sprint 1

KR2：成功完成 Sprint 2

KR3：成功完成 Sprint 3

O2：成功完成移动组 Sprint

KR1：成功完成 Sprint 1

KR2：成功完成 Sprint 2

KR3：成功完成 Sprint 3

O3：截至 2 月底，将开发工作进行外包

KR1：截至 1 月中旬，细化外包小组权限

KR2：截至 2 月中旬，签署新的供应商

KR3：截至 2 月底，与产品管理部门就如何与外包团队合作进行培训

O4：截至 3 月底，清理警报和监测

KR1：截至 1 月底，确定前 30% 的服务

KR2：截至 2 月上旬，对警报和监控基础设施进行差距分析

KR3：截至 2 月下旬，提出 5 个，针对前 25% 服务的提醒

研发经理

O1：截至 2 月底，完成新产品发布的所有需求

KR1：截至 1 月中旬，完成第一阶段需求

KR2：截至 1 月底，完成第二阶段需求

KR3：截至 2 月下旬，完成第三阶段需求

O2：第二季度 100% 确认每个 Sprint 中的 P0 和 P1 级别 Bugs（漏洞）

KR1：截至 4 月中旬，完成 Sprint 1 中的 Bugs

KR2：截至 4 月底，完成 Sprint 2 中的 Bugs

KR3：截至 5 月中旬，完成 Sprint 3 中的 Bugs

O3：第二季度响应 99% 以上的 SLA（服务等级协议）用户请求

KR2：截至 4 月底，完成 Sprint 1

KR2：截至 5 月底，完成 Sprint 2

KR3：截至 6 月中旬，完成 Sprint 3

O4：在第二季度完成 90% 以上的 Story Points（故事点）

KR1：截至 4 月底，完成 Sprint 1

KR2：截至 5 月中旬，完成 Sprint 2

KR3：截至 6 月中旬，完成 Sprint 3

软件工程师

O1：完成 Sprint 1 所有 Sprint Stories 和 Bug

KR1：完成 Sprint 1 中所有 Committed Stories

KR2：完成 Sprint 1 中所有的 P0 和 P1 级别 Bug

KR3：完成 Sprint 1 中 80% 的 P2 级别 Bug

O2：完成 Sprint 2 所有 Sprint Stories 和 Bug

KR1：完成 Sprint 2 中所有 Committed Stories

KR2：完成 Sprint 2 中所有的 P0 和 P1 级别 Bug

KR3：完成 Sprint 2 中 80% 的 P2 级别 Bug

O3：完成 Sprint 3 所有 Sprint Stories 和 Bug

KR1：完成 Sprint 3 中所有 Committed Stories

KR2：完成 Sprint 3 中所有的 P0 和 P1 级别 Bug

KR3：完成 Sprint 3 中 80% 的 P2 级别 Bug

传统开发团队

传统开发团队的职位主要包括 5 个岗位，下面我们就来详细介绍一下各个岗位的 OKR 模板。

研发副总裁

O1：确保以高质量按时交付发布版本

KR1：截至 4 月底，工程团队贡献了 150 个 Story Points

KR2：截至 4 月底，完成数据迁移

KR3：截至 4 月底，工程团队贡献 800 个 Code Review Points（代码评审点）

KR4：截至 4 月底，添加 200 个自动化的前端测试

O2：搭建一个优秀的开发团队

KR1：第二季度聘请 5 名新工程师

KR2：第二季度与 50 名工程师进行沟通

KR3：截至 6 月中旬，为开发商实施精简的产品流程

KR4：截至 6 月底，组织第二季黑客马拉松赛

首席架构师

O1：扩大我们的平台战略

KR1：截至 6 月底，对接 Salesforce（客户关系管理软件服务提供商）

KR2：规划和完成基于 REST（表述性状态传递）的 API（应用程序接口）规范，以便在 3 月底之前对我们的模型执行数据操作

KR3：在 Clojure（编程语言）中对我们的 NG 产品进行原型设计，以便在 6 月底之前与现有的基于 Fortran 语言的产品在性能和可维护性上进行比较

O2：确保我们的产品横向扩展

KR1：重构产品架构以处理 300 次 / 秒 的平均负载，并实现在第一季度末达到 150ms 内响应 95% 的请求

KR2：第二季度维持当前服务器成本占企业收入的 10%

KR3：第二季度引入消息队列来扩展事件处理框架

KR4：第二季度用 NoSQL 数据库替换 Oracle 数据库。

软件工程师

O1：实施邮件发送体系重构

KR1：截至 4 月初，清理电子邮件进程

KR2：截至 4 月中旬，与质量管理和首席架构师会面，确定重构计划

KR3：通过代码冻结 Ship 邮件发送体系

KR4：通过代码冻结完整的文档传输和单元测试

O2：保持头脑和身体的状态，让工作更出色

KR1：第二季度参加 4 场开发者聚会

KR2：做一个开放源代码项目，在第一季度末获得超过 150 颗星

KR3：第二季度开发 Swift 和 Objective C 的初级应用程序

软件测试工程师

O1：通过 4 月的发布版本驱动软件质量进步

KR1：截至 4 月底，发现 60 个 Bug

KR2：截至 4 月底，发现 300 个开放的 P2 或更高级别的 Bug

KR3：截至 4 月底，将 Karma 测试覆盖率从 88% 提高到 93%

O2：学习巩固知识，并在第一季度迅速增长

KR1：观看所有 Egghead D3 视频，并在第一季度末创建自己的功能部件

KR2：第二季度观看 30 部 Egghead 视频

KR3：完成 Codeschool 的 4 门课程

数据工程师

O1：为整个数据平台提供数据面板修改和分析

KR1：截至 4 月底，优化销售和市场数据面板

KR2：截至 4 月底，实施新的队列分析数据面板

KR3：截至 5 月底，建立销售预测模型

KR4：截至 6 月底，设计完成多元测试以获取对用户的影响

O2：以之前没有发现的角度来提升 Bottom Line

KR1：发现用户放弃使用的十大原因

KR2：总结企业或市场部门的大小对用户轨迹的影响

KR3：总结 6 个最重要的影响用户合同的因素

KR4：找出 4 个导致用户进入死循环的 Web 页面

对于技术研发部门来说，OKR 能够让员工发挥更多的主动性和创造性，有利于企业的发展，但是 OKR 的模板并不是一成不变

的，我们在适用的过程中也需要根据实际情况做出调整，这样才能不断适应市场环境的变化和工作需求的变化。

市场销售部门如何制定 OKR？

市场销售部门的职责是对外推广企业产品以及完成销售业绩，其工作质量对企业的利益有直接影响。那么市场销售部门应该如何制定 OKR 来进一步提高业绩呢？本节将从市场团队以及销售团队的具体岗位来介绍相关的 OKR 模板。

市场团队

市场团队的岗位主要包括市场总监、公关、产品营销、用户推广等职位，以上岗位的 OKR 模板如下。

市场总监

O1：保证达成企业收入目标

KR1：对 6 家目标用户进行采访

KR2：截至第二季度结束，销售漏斗中营收 5 000 万美元

KR3：截至 4 月底，为特定行业（如制造业或零售业）提供担保

KR4：截至 4 月底，与销售主管召开两次系列会议，并在第三

季度目标上达成一致

O2：巩固市场领导者的地位

KR1：保证产品 2.0 版本的落地以及顺利交付

KR2：截至第二季度，雇用一个新的品牌代理企业

KR3：截至第二季度，建立统一的通信日历，整合内容、社交、新闻发布活动的时间点

KR4：截至第二季度，获得 10 次媒体曝光和出席 15 次路演

KR5：截至第二季度，设置 4 个分析员，统一处理反馈和意见

公关

O1：通过公关活动提高品牌影响力

KR1：截至第二季度，进行 6 次关于 D 轮融资的相关报道。

KR2：截至第二季度，保证 CEO 在 TED（技术、娱乐、设计）大会进行一期分享

KR3：截至第二季度，举办两场行业领袖参加的媒体晚宴

KR4：截至第二季度，发布 15 篇媒体稿

O2：保持目前在 Gartner 魔力象限的位置

KR1：在第二季度的活动上，保证一位 Gartner 分析师与 CEO 一同出席

KR2：截至第二季度，与 8 位分析师共同建立季度分析简报

KR3：提供所需的产品以及技术信息

KR4：截至 4 月底，通过分析师会议产出意见书

产品营销

O1：驱动产品推送 2.0 版本

KR1：首月取得 1 000 次下载

KR2：确保客户、合作伙伴和经销商获得关于常见问题的培训

KR3：截至 4 月底，完成发文和竞品定位

KR4：截至 4 月底，完成定价、折扣以及商标批准

KR5：截至 5 月中旬，制作培训视频、数据表格以及营销文档来支持销售和客服团队

O2：加快频率，提升沟通质量

KR1：每月发布合作快讯以及迭代信息，而不是每季度发布

KR2：截至 4 月底，为即将到来的产品里程碑创建一个管理计划

KR3：截至 6 月中旬，举办史无前例的线上 VIP 用户交流会

KR4：为灰度用户建立一个单独的反馈过程

KR5：为有兴趣的员工举行双周会议，并在 6 月 22 日举办第一场

用户推广

O1：第二季度获取 5 000 条销售线索或注册信息

KR1：截至第二季度结束，推出 5 个有针对性的在线活动获取 500 条线索

KR2：通过培训和电子邮件，获得 500 条销售线索

KR3：在营销数据库中添加 1 000 个联系人

O2：实施 2018 年用户获取方案

KR1：截至 4 月底，确定绩效考核标准

KR2：截至 4 月底，通过客户生命周期价值确定每条线索的成本预算

KR3：截至 5 月中旬，通过财务预算审批

KR4：截至 5 月中旬，根据之前的表现和转化，制定用户获取模型

KR5：截至 5 月底，建立与销售、产品、客户支持部门的会议流程和标准

销售团队

销售团队的 OKR 模板主要是包括销售总监、销售经理、客户经理、销售发展代表这几个岗位的 OKR 模板，接下来我们将进行详细的介绍。

销售总监

O1：达成第三季度企业业绩目标

KR1：截至第三季度，保证 1 500 万美元的预定目标

KR2：确保每一个销售经理完成或超额完成既定目标 400 万美元

KR3：确保至少 70% 的销售团队完成配额

KR4：确保 50% 以上的营业额是由预定销售和套餐销售实现的

KR5：截至第三季度，参加 4 次行业活动

O2：打造更有效率的销售团队

KR1：截至第三季度，雇用 4 名销售经理

KR2：截至第三季度，根据最新的划分规则，划分 4 个新的分区

KR3：截至 7 月底，确定新的销售雇用规则

KR4：截至 8 月底，确保销售认证程序到位

销售经理

O1：拓展新的领域

KR1：与同行分享 5 次关于定价和竞争相关的最佳实践

KR2：截至第一季度，拜访 60 条销售线索

KR3：雇用 3 名客户经理

O2：在第三季度，建立新的销售计划和漏斗

KR1：截至第三季度，贡献 200 万元的预定销售订单

KR2：截至第三季度，通过新的销售漏斗机会贡献 600 万元的订单

KR3：保持销售漏斗 4 倍以上

客户经理

O1：高质量地通过活动获取销售线索

KR1：在 Worktile（企业协作办公平台）的 CRM 内整理 60 条新发现的销售线索

KR2：截至第三季，度拜访 90 条销售线索

KR3：在 20 天内完成对所有线索的转换或降级

KR4：保证没有超过 30 天未跟进的线索

O2：创建第三季度的目标和销售漏斗

KR1：第一个月实现 30%，第二个月实现 60% 的销售业绩目标

KR2：截至第三季，度通过新的销售漏斗机会贡献 300 万元的订单

KR3：确保 70% 以上的营业额是由预定销售和套餐销售实现的

KR4：截至第三季，度贡献 60 万元预定销售订单

销售发展代表

O1：定义和实施销售发展代表的社会销售流程和指南

KR1：每周完成所有销售线索的跟进

KR2：培训 4 名销售发展代表使用新的电子营销模板

KR3：截至 8 月中旬，制定电子营销模板

O2：100% 超过第四季度配额

KR1：截至 6 月初，拜访 30 家《福布斯》排行榜的企业

KR2：截至第二季度，带来 40 万美元的预定订单

KR3：截至 3 月底，为每个层级的客户制订账户计划

KR4：截至第二季度，形成 80 张数据报表

当然，想要制定出合理的 OKR 必须要有相关行业的积累以及对当前企业和市场的清晰认知，而这并非是在短时间内就能获得的，尤其是市场销售部门更需要管理者的高瞻远瞩。因此，希望这些市场销售部的 OKR 模板能够给大家一些参考。

行政、财务和法务部门如何制定 OKR？

行政、财务和法务部门的正常运转是企业发展业务、提升效益的重要保障，而制定合理的 OKR 除了能以更科学的方式对这些部门进行考核外，也能充分调动员工的积极性。本节主要从人力资源部门、财务部门和法务部门的岗位出发，具体介绍相关岗位的 OKR 模板。

人力资源部门

人力资源部门的 OKR 模板主要包括人力主管、人力资源经理以及人力资源业务合作伙伴三个方面的内容（见图 7–1）。

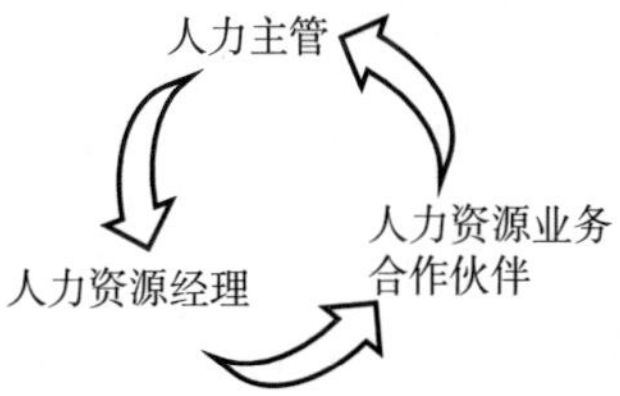

图 7–1　人力资源部门的 OKR 模板

人力主管

O1：截至 6 月底，招聘 10 名新员工

KR1：截至 4 月中旬，落地两家猎头企业的合作，负责销售和研发岗位的招聘

KR2：截至 4 月底，制订一份年度招聘计划

KR3：截至 5 月底，落地新的招聘页面

O2：截至 5 月底，将年度员工保留率提高到 85%

KR1：截至 4 月底，制订计划，将年度员工敬业度提高到 80%

KR2：截至 4 月底，进行员工敬业度调查

KR3：截至 5 月中旬，更新企业的薪酬和福利，确保市场竞争力

KR4：截至 5 月底，推出员工奖励计划

O3：截至 6 月底，推出新的员工发展计划

KR1：截至 4 月中旬，制定各级员工职业生涯轨迹表

KR2：截至 5 月中旬，开始新的领导力发展计划

KR3：截至 5 月底，推出新的员工学习管理系统

人力资源经理

O1：截至 3 月底，更新企业的薪酬和福利，确保市场竞争力

KR1：截至 2 月中旬，与所有管理人员会面，收集福利和津贴的指导意见

KR2：截至 2 月底，分析竞争对手的薪酬福利制度

KR3：截至 3 月底，推出新的绩效考核工具

O2：截至 6 月底，推出新的员工敬业度计划

KR1：截至 4 月底，完成员工敬业度调查

KR2：截至 5 月中旬，制订增加员工敬业度的方案

KR3：截至 6 月底，执行季度员工活动

O3：截至 5 月底，为各级员工制定职业生涯轨迹表

KR1：与 50 位管理人员会面，确保每位员工在 5 月 9 日之前都有职业规划

KR2：截至 5 月中旬，为高绩效员工制订新计划

KR3：截至 5 月底，为每个部门制订一个标准的绩效改进计划

HR 业务合作伙伴

O1：截至 6 月底，完成整个市场部的人才评估报告

KR1：截至 4 月中旬，与所有员工会面

KR2：截至 5 月底，完成人才评估报告

KR3：截至 5 月底，完成关于改进方面的报告

O2：截至 6 月底，前制订继任者方案

KR1：截至 5 月底，制订针对每个优秀员工的留存计划

KR2：截至 5 月底，筛选所有表现优异的员工

KR3：截至 6 月底，为新任经理制订工作交接计划

O3：监督第三季度的绩效考核流程

KR1：确保所有管理人员在第三季度与员工进行两次绩效访谈

KR2：确保所有管理人员在第三度与员工进行 15 次确认

KR3：截至 8 月中旬，与主管一起为绩效表现不佳的员工制订绩效改进计划

KR4：截至 8 月底，与经理一起为每位员工建立期望和目标

财务部门

财务部门的 OKR 模板主要包括首席财务官、财务经理、金融分析师、会计经理 4 个岗位的 OKR 模板。

首席财务官

O1：截至 12 月底，完成两年战略计划

KR1：截至 10 月底，批准全企业的招聘计划

KR2：截至 10 月中旬，与销售副总裁制定收入目标

KR3：截至 11 月中旬，获得管理层和董事会对战略计划的批准

O2：截至 12 月底，完成过渡融资

KR1：截至 10 月初，完成投资演讲

KR2：截至 10 月底，创建潜在的债务和股权合作伙伴名单

KR3：截至 11 月中旬，完成具体合同条款

O3：截至 12 月底，实施运营改善

KR1：截至 10 月底，建立采购和供应商工作程序

KR2：截至 11 月底，进行外部会计审计

KR3：截至 12 月中旬，为销售建立新的交易指南

财务经理

O1：截至 11 月底，完成对第四季度营收的预测

KR1：截至 11 月初，获得首席执行官对更新模型的确认

KR2：截至 10 月底，与部门负责人一起确定招聘预算

KR3：截至 11 月底，预测销售计划的完成情况

O2：提供分析支持，帮助各部门在 12 月 22 日前完成年度计划

KR1：截至 11 月初，完成产品的研发计划升级方案

KR2：截至 11 月底，完成市场营销的年度定价审查

KR3：截至 12 月中旬，完成客户成功预算计划

金融分析师

O1：截至 12 月底，为 A、B、C 产品创建盈利预测

KR1：截至 11 月中旬，对影响盈利能力的关键操作周期提出建议

KR2：截至 11 月中旬，对毛利率的主要驱动因素进行分析

KR3：截至 11 月中旬，对第一季度、第二季度和第三季度的财务报告进行整理汇总

O2：截至 12 月中旬，向 CEO 提供新产品的定价选项

KR1：截至 10 月底，为财务经理制作 KPI 报告

KR2：截至 10 月底，完成预算成本汇总分析报告

KR3：截至 11 月中旬，产出前 5 名竞争对手的定价报告

会计经理

O1：截至 11 月底，完成财务报表

KR1：截至 10 月底，批准月末日记账分录

KR2：截至 10 月底，校对现金和信用卡

KR3：截至 11 月底，前向仓库经理获取库存量报告

KR4：截至 11 月底，收到会计的资产负债表核对

O2：截至 11 月底，寄送发票

KR1：使用支持续费客户的条款并在 11 月 5 日前寄送发票

KR2：在销售运营中确定新的客户条款并在 11 月 5 日前寄送发票

O3：截至 11 月底，完成应付账款

KR1：截至 10 月中旬，收集所有部门的发票

KR2：截至 11 月中旬，部门负责人完成发票批准

KR3：截至 11 月中旬前，向财务主管申请批准和付款

法务部门

法务部门的岗位一般分为法务主管、法律顾问、法务助理，相关岗位的 OKR 模板如下所示。

法务主管

O1：截至 6 月底，扩张英国市场

KR1：截至 4 月中旬，注册企业实体

KR2：截至 4 月底，确保遵守英国的就业法

KR3：截至 5 月底，更新合同以符合英国法律

KR4：截至 6 月底，解决产品的所有合规问题

O2：制订计划，在 4 月底，达到 2017 年预算目标

KR1：截至 2 月中旬，制订新的避税方案

KR2：截至 2 月底，咨询两家律师事务所

KR3：截至 4 月底，制定新的协议，以减少法律工作

法律顾问

O1：截至 6 月底，帮助销售简化合同流程

KR1：截至 5 月中旬，创建合同谈判模板

KR2：截至 5 月底，选择第三方合同管理系统

KR3：截至 6 月底，聘请一位新的法律业务员

O2：截至 5 月底，修复三个风险区域

KR1：截至 4 月中旬，创建新的访问者策略

KR2：截至 4 月底，更新记录保留策略以降低风险

KR3：截至 5 月中旬，对销售、产品、市场和公关团队进行媒体培训

法务助理

O1：截至 6 月底，修复 5 个问题风险区域

KR1：截至 4 月初，更新专利和商标组合

KR2：截至 4 月底，创建一个新的专利申请

KR3：截至 5 月底，申请 6 个新的专利

O2：配合销售员签约新客户，并在第二季度收到现有客户的付款

KR1：在 5 月 10 日更新销售订单

KR2：截至 4 月中旬，发布新的法律维基，并更新法律常见问题

KR3：截至 4 月中旬，给所有新员工培训法律条款、SLA 和升级政策

KR4：截至 5 月底，为拖欠款项的客户创建一个业务流程

到这里，OKR 模板的介绍就全部完成了。在参考这些模板时，大家需要注意无论是哪个部门，其 OKR 的设置都应该与企业总体的战略方向相一致，而不是单纯地照搬 OKR 模板。各个部门只有因地制宜地使用 OKR 才能为企业的管理和发展增添助力。

第三部分

超越绩效管理：如何实现指数级增长

第8章
摸到企业的脉搏——OKR模式下的绩效评价

作为一种典型的绩效管理工具，OKR的评分结果如果不被用于绩效评价，其就违背了企业绩效管理的初衷。不过，OKR评分对于绩效评价只具有参考性，而不具有唯一性。这也就意味着，OKR模式下的绩效评价一定要做到将目标管理和评价管理适度分离，唯有这样，企业才能更好地将绩效管理往前推进到绩效使能的时代。

OKR模式下的绩效评价

在完成了OKR的落地实操后，企业接下来要做的，就是要进行绩效评价。这个步骤，也是在OKR的实施过程中存在最大争议的一个步骤，许多人认为，OKR不应该和绩效评价捆绑在一起，因为这样做会违背实施OKR的初衷；也有许多人认为，既然是绩效管理，那么绩效评价就是不容忽视的重要一环。

这两种观念究竟哪一种更科学呢？换言之，在引入 OKR 之后，究竟有没有必要进行绩效评价呢？如果有必要，具体又应该如何操作呢？这也是本节要探讨的重要话题。

OKR 模式下的绩效评估该不该做？

从本质上来说，OKR 其实是一种目标管理方法和一种价值创造手段。严格来说，OKR 是不应该和绩效评价捆绑在一起的，这是因为，OKR 的完成率在被看成员工考核的直接输入后，员工的挑战欲望往往就会被禁锢，企业从而无法达到激发员工内在动机的目的。

说到这里，大家不妨也回想一下，在你的企业中，是否也曾经出现过以下案例中的类似情形。在制定年度销售目标的时候，销售主管问员工："你今年准备把地区的销售目标定到多少啊？"员工想了想，回答说："我觉得可以朝着 2 000 万元的目标奋斗一下。"听到员工这样说，主管很是欣慰，于是接着说道："那你把这条目标写到你的考核目标中去吧。"此时，员工犹豫了，又想了一会儿才回答："我考虑了一下，实现 2 000 万元的销售目标难度有点大，还是先定 1 000 万元的销售目标吧。"

你看，在这个案例中，考核目标一下就浇灭了员工一半的挑战热情，员工出于自身利益的考虑变得更保守了。也正是因为这样，许多企业管理者都曾向我抱怨，将目标用于考核，就相当于给自己挖了一个火坑让自己往里跳，这样会导致没有员工愿意真正面对挑战。

那么，这是不是就意味着，我们在引入了 OKR 后，就不需要再进行绩效评价了呢？对此，我的答案是否定的。如今，许多企业在引入 OKR 后的确摒弃了绩效评价，但更多的企业由于激励的惯性还存在，因此，并不能做到立马废除绩效评价。比如，有的企业会通过季度奖金、年度奖金的方式激励员工更好地工作，而此时，为了确保这些措施的公平公正，让激励真正产生作用，企业通常需要借助员工以往的绩效表现作为激励员工增长的依据。因此，在这样的外部大环境下，绩效评价在短期内是不可能被废除的。

既然绩效评价可能在短期内仍会存在，而 OKR 与绩效评价捆绑在一起又会违背 OKR 的初衷，那么这个矛盾该如何解决呢？

我认为，化解这个矛盾其实并不难。这是因为绩效评价的存在，并不意味着绩效评价就必须得和目标管理捆绑在一起。如果我们能做到在实施 OKR 的过程中将目标管理和评价管理适度分离，那么，我们同样可以将绩效管理往前推进到绩效使能的时代。

从这个角度来说，OKR 模式下的绩效评估面临的最大问题并不是该不该做，而是能否找到合适的方式和正确的方法。在明确了这一点后，接下来，我们就一起来探讨一下 OKR 模式下的绩效评价究竟应该如何进行。

OKR 模式下的绩效评估如何做？

一般来说，OKR 模式下的绩效评估方式主要有以下三种。

OKR 自评

通常，员工在制定好 OKR 后，紧接着就会进入实施环节。而在实施的过程中，员工需要定期地进行 OKR 自评。当然，这个自评的目的并不是考核员工，而是要用于知会进展，具体来说，这样做的目的主要体现在两方面：一是和其他员工互通有无，把工作进展告知其他员工；二是让员工更好地看到自己目前的工作进展和工作成绩与目标之间的差距。

需要注意的是，作为一套开源的目标管理框架，在设定和实施 OKR 的过程中，员工可以根据自己的实际情况对自己的 OKR 进行调整或修改。我们都知道，原则上 OKR 是鼓励员工去设定有挑战性的高难度目标的，因为如果目标设定得太简单，那么 OKR 就等同于一份任务清单，这是不合适的。也正是因为 OKR 强调要设定高难度的目标，所以在实施 OKR 的过程中强调及时进行自评才变得更为迫切、更有必要性。

那么，OKR 自评具体应该怎么做呢？我们不妨参考一下谷歌的做法。谷歌的 OKR 自评采用的是 0~1 分的评分制度，其中，0 代表着工作毫无进展，1 则代表着目标 100% 完成。具体说来，在谷歌的评分机制中，员工的自评得分又被分为 0 分、0.3 分、0.7 分、

1 分四个档位，每个档位对应的指标要求如图 8–1 所示。

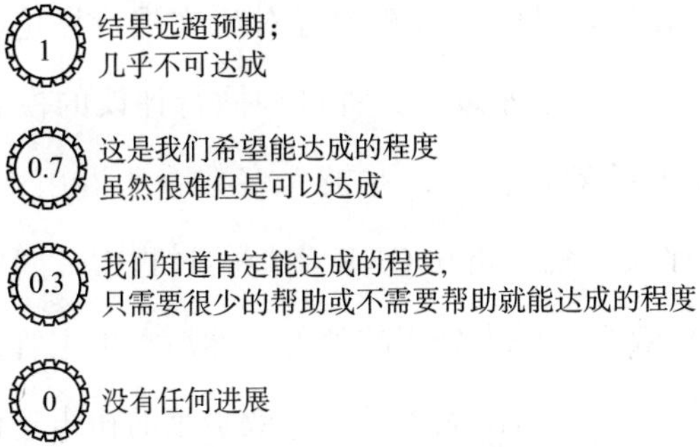

图 8–1　OKR 评分说明

需要注意的是，当采用这个评分机制的时候，理想情况下的 OKR 自评分数应该在 0.6~0.7 分。当自评分数达到了 1 的时候，你需要反思一下自己的目标是否制定得太容易、太简单了，此时，最好的解决方式就是根据实际情况，对自己的 OKR 进行修改和调整，重新制定一个具有挑战性的、合适的目标。

制定一个有挑战性的目标是非常有必要的，目标设置领域的两位泰斗埃德温·洛克（Edwin Locke）和加里·莱瑟姆（Gary Latham）的理论研究证实了这一点，他们发现，人们当设置的目标具体且有挑战性时，往往绩效表现最好，这是我们反复强调 OKR 在设定时一定要有挑战性的关键原因。

同行评议

OKR 的实施除了需要进行自评外，同行评议也是非常重要的一环。

最初，同行评议主要是存在于学术圈——学者在发表论文之前，一般首先需要同行的权威学者对论文进行评论。后来，谷歌借鉴了学术圈的这种做法，将这种同行评议的模式运用到了OKR 模式下的绩效评价中，并被大多数企业沿用。具体来说，所谓的同行评议，就是指在 OKR 实施的过程中，周围的同事首先对员工的绩效贡献做出公正的评价，然后再由主管综合所有周围同事的评议意见，给出关于员工绩效贡献的初步建议，并提交管理团队进行集体讨论，最终，直接主管给出员工绩效评级。具体来说，同行评议的流程又可以分为以下 6 个步骤，如图 8–2 所示。

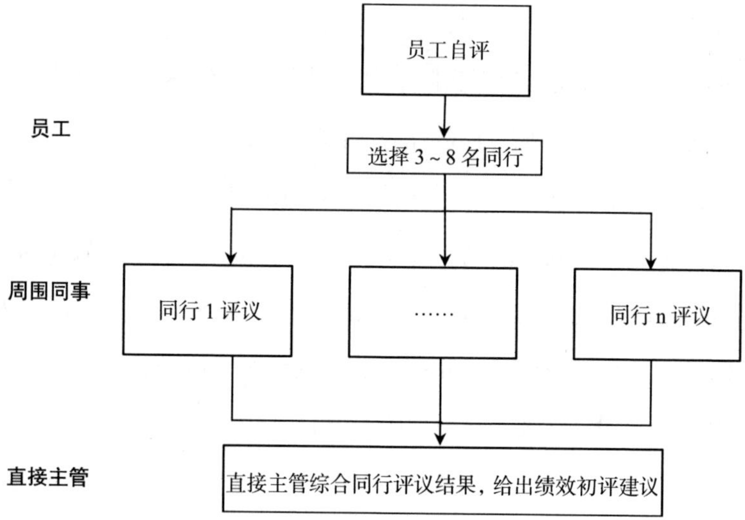

图 8–2　同行评议流程

步骤 1：员工自评

关于员工自评的相关内容，我们在前文中已经进行了详细的讲解，这里就不再赘述，唯一需要强调的是，员工自评一般应该分项目进行。例如，我们假设一个员工的 OKR 涉及三个项目，那么，在进行 OKR 自评的时候，员工就应该对这三个项目分别进行自评，并且，每个自评都应该做到简洁明快，切忌冗长，自评内容最好在 500 字以内。

步骤 2：选择 3~8 名同行

前面已经强调过，有时候，我们设定的 OKR 可能会涉及多个项目，并且每个项目都会有不同的人员参与，所以，在进行同行评议的时候，不同的项目对应的评议人可能会不同。具体来说，针对每个项目，我们最好邀请最了解该项目的 3~8 名同事作为同行评议人，对员工对该项目所做出的贡献进行公正的评议。

步骤 3：周围同事给出具体评价

周围同事在收到了员工的同行评议邀请后，他们需要就具体的项目给出客观的评价。这里特别需要注意的是，周围同事给出的评议一定要是“对事不对人”的，换言之就是这个评价一定要针对具体的项目，而不能含有主观的人情因素。

步骤 4：直接主管给出绩效初评建议

在收集并综合了所有参与同行评议的周围同事的评价意见后，直接主管应该根据这些评价意见，给出员工的绩效初评建议。至此，一个完整的同行评议流程就完成了。

企业对员工进行绩效评价

OKR 模式下的绩效评估的最后一个方式便是企业对员工进行绩效评价。

目前，基于企业的管理形式，大多数企业仍然会对员工进行绩效评价，并且这种评价往往基于一定的周期，比如，以英特尔为代表的大部分企业对员工进行的绩效评价以季度为周期；而以微软、谷歌为代表的一部分企业对员工进行的绩效评价以半年为周期；以 GE 为代表的一部分企业则是以年度为周期。当然，不管是以怎样的时间段为绩效评价周期，我们可以肯定的是，企业对员工进行的绩效评价都是企业对员工实施的正式的评估手段，在这个过程中，企业对员工进行绩效评价的依据也并不是员工 OKR 的最终得分，而是员工在这一周期内对企业所做出的客观贡献。

通常，企业对员工进行的绩效评价会基于同行评议的分数。换言之，我们也可以将同行评议的流程看作企业对员工进行绩效评价的铺垫过程。

在前文中，我已经介绍过，同行评议的最后一个流程是直接主管在收集并综合了所有参与同行评议的周围同事的评价意见后，给员工一个绩效初评建议。那么接下来，直接主管给出的初评建议将被再次汇总，随后，初评建议将会提交给管理团队进行集体评议。在集体评议的过程中，管理团队将根据团队内所有员工的具体贡献进行综合衡量，并最终给出员工的绩效评价结果。

这个过程，也就是企业对员工的绩效评价过程。这一步完成后，接下来的工作就是直接主管就最终的绩效结果与员工进行沟通，指出员工的优点和不足，帮助他们更好地对未来绩效进行改进。这也是企业对员工进行绩效评价的最终目的。

需要注意的是，OKR 自评的结果主要用于员工和其他员工互通工作进展，进行自我督促，而企业对员工进行的绩效评价的结果将被直接反映在员工的薪酬回报和晋升上，它体现的是一种竞争导向。

这样说，大家可能还是会觉得十分抽象，下面我们就通过一个案例一起了解一下企业对员工的绩效评价方式。销售部门某员工的 OKR：季度销售额达到 2 000 万元。但其最终的完成额只有 1 400 万元，绩效得分是 0.7 分。当企业在对该员工进行绩效评价的时候，管理者并不会看 0.7 分这个分数，而是会关注实际完成额，即 1 400 万元这个数字。

此外，企业在对员工进行绩效评价的时候还可能会出现另一种情况，即绩效评价的周期与员工设定的 OKR 实施周期并不一致。

关于这一点，我们以图的方式来进行说明（见图 8–3）。从图 8–3 中可以看出，员工设定的 OKR4 的实施周期是一年，这就意味着如果企业设定的绩效评价周期是半年，那么在评价时，员工设定的 OKR4 可能仍然在进行之中。此时，我们就可以取 OKR4 这条目标在这半年中所做的贡献作为绩效评价的依据，用公式表达就是：绩效结果 = 贡献 1 + 贡献 2 + 贡献 3 + 阶段性贡献 4。

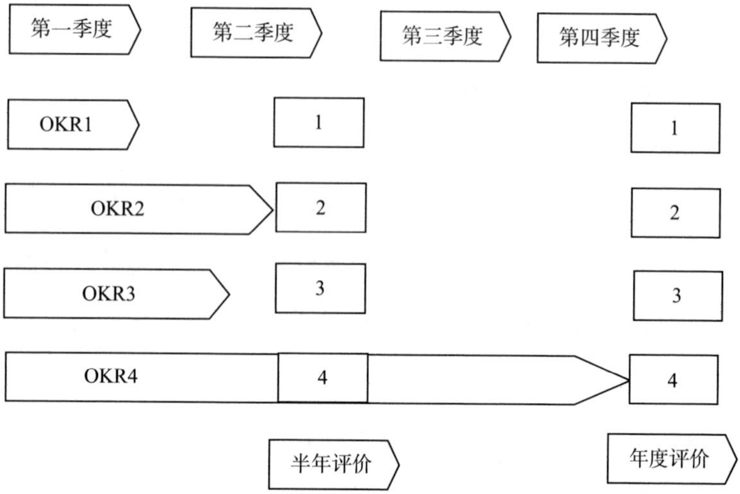

图 8–3　OKR 与绩效评价示例

以上为大家介绍了 OKR 模式下的绩效评价的三种方式，希望大家能够学以致用。总之，在目前的大环境下，企业在引入 OKR 之后，立马废除绩效评价的可能性是非常小的。换言之，在 OKR 的模式下，绩效评价也是可以做的，只是在做的时候，一定要用对方法。

OKR 模式下的绩效评价及激励全景图

在上文中，我已经为大家介绍了在 OKR 模式下进行绩效评价的三种方式。归根到底，制定 OKR 是为了激发和释放员工的内在潜力，鼓励员工敢于挑战自我。那么，OKR 模式下的绩效评价如何起到启发员工的作用呢？我们接着来探讨。

OKR 模式下三种绩效评价方式之间的关系

为了更好地弄清楚 OKR 模式下的绩效评价背后的激励逻辑，我们首先要理清楚三种评价方式之间的关系。

在这里，我们首先把这三种评价方式串联在一起做一个全局性的回顾，详情如图 8–4 所示。

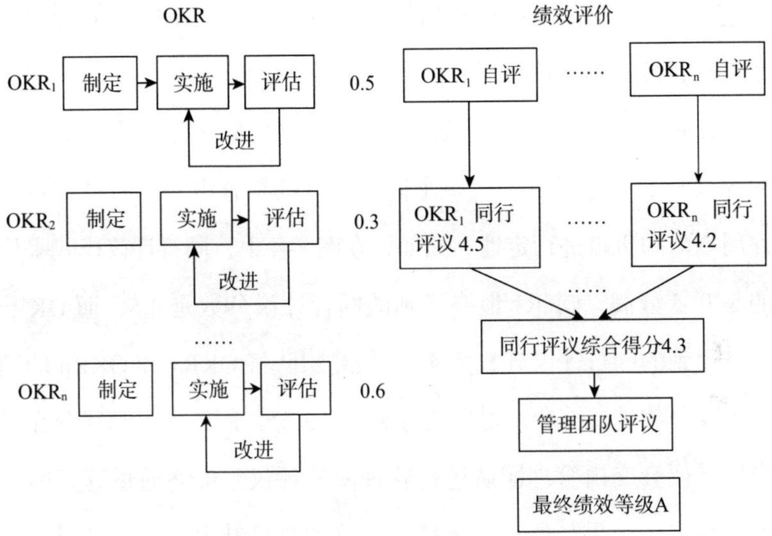

图 8–4　OKR 与绩效评价关系

从图中我们可以看出，员工设定的每一条 OKR 最终都会得到一个自评分数。在前文中，我们已经说过，目前大多数企业采用的 OKR 模式都是 0~1 分制，且 OKR 自评的最终得分与最终的绩效评价并没有直接的对应关系，它们反映的只是具体的 OKR 项目的进展情况。比如，OKR1 的自评得分是 0.5 分，OKR2 的自评得分是 0.3 分。需要注意的是，OKR 自评一般采用的是文字性的表述，员工只需要简要列出自己在考评周期内实际有哪些产出即可。

在员工自评完成后，接下来要进行的是同行评议，针对不同的 OKR 项目，我们需要寻找不同的评议人员，最终由他们根据被评员工对项目的实际贡献给出不同的评分。这个分值代表的就是周边同事对该员工贡献的价值的认可，它和员工的 OKR 自评得分并没有直接的对应关系。

在每个项目的评议分数产生后，管理团队还要综合所有项目的评议分数，并最终产生一个同行评议的综合得分，对员工在考评周期内的贡献进行定性。比如，在图 8–4 中，同行评议模式采用的是 0~5 分制，OKR1 最终得到的同行评议分数是 4.5，而 OKRn 最终得到的同行评议分数是 4.2，最终团队将 OKR1 和 OKRn 的同行评议分数进行综合，得出的分数为 4.3 分。同行评议的得分在出来后，便会交由管理团队进行管理团队评议，最终通过管理团队评议得出的结果，便是员工绩效评价的最终结果，这个结果，也代表了员工的最终贡献。

通过对 OKR 模式下三种评价方式之间的关系进行梳理，我们可以得出一个结论：同行评议与企业对员工的绩效评价是相互关联的，其中，同行评议是企业对员工进行绩效评价的重要铺垫和重要参考。OKR 自评和这两种评价模式则没有直接联系，可以相互独立存在。这种不把目标完成情况直接应用到绩效评价环节的做法，也是 OKR 模式下的绩效评价与传统模式下的绩效评价之间最大的不同。

OKR 模式下的绩效评价及激励全景图

在传统的绩效评价模式中，每个目标的完成率都会作为主管对员工进行绩效评价的重要依据。这样做，很容易让员工在潜意识里在目标和评价之间架起一座桥梁，从而导致员工保守起见，不去设置有挑战性的高难度目标。

从这个角度来说，我认为 OKR 最大的突破和最科学的地方，就是其在目标和评价之间清晰地划了一条界线，将目标管理和评价管理划分成两个独立运作的系统，其中，目标管理专注于价值创造，绩效评价聚焦价值评价。这样做的好处是当员工进行价值创造的时候，他们往往更关注如何才能创造最大的价值，而不会从一开始就把目光聚焦在最终的价值评价上，时刻考虑着回报，要知道，回报本身就是事情做好后自然会发生的事。

我们都知道，对于员工而言，究竟是把回报当成目标还是把取得好的结果当成目标也恰好将人分在外在动机和内在动机的两个阵营中。而 OKR 模式下的绩效评价强调目标完成率同绩效评价解耦，员工不再被物质回报遮住双眼和捆住手脚，而是放开手脚、聚焦于事，争取为公司创造更大价值。这也就意味着，它能够真正做到激发和释放员工的内在潜力，鼓励他们敢于挑战自我，而不是为了绩效评价而放弃设置有挑战性的目标。

当我们更进一步完整审视 OKR 与评价及激励的关系时，它应该如图 8–5 所示。

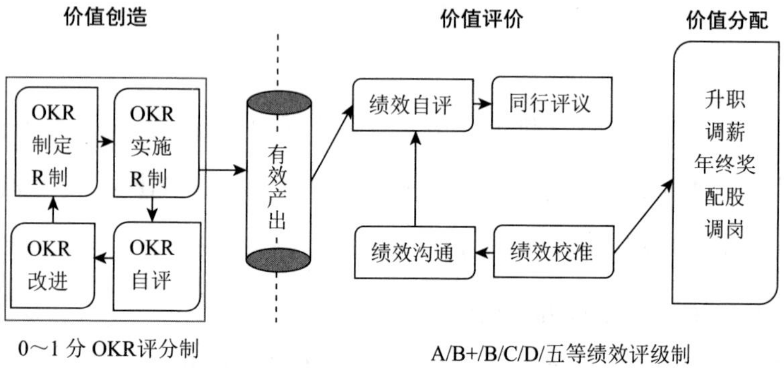

图 8–5　OKR 模式下的绩效评价及激励全景图

需要注意的是，在前文中，我们一直在强调 OKR 的自评得分与企业对员工的绩效评价之间并没有直接的联系，但这也并不意味着 OKR 自评和企业对员工的绩效评价毫无关系。从图 8–5 中我们可以看出，OKR 自评得分与企业对员工的绩效评价之间实际会通过“有效产出”这一中间变量产生关联。

一般来说，OKR 的有效产出是绩效评价的有效输入，如果我们在最初设定 OKR 的时候，设定了一个具有挑战性的、高难度的 OKR，并且这个 OKR 在后续的实施过程中也很好地落地执行了，那么，我们就帮助自己获得了实实在在的有效产出。关于这一点，我曾经服务过的一个企业就是最好的证明。在最初辅导该企业进行 OKR 改革的时候，我发现，传统绩效评价理念在该企业员工的脑海中根深蒂固。然而，在坚持按照 OKR 的评价方式进行了两个季度的绩效评价后，许多员工发现，在进行最终的绩效评价时，那些原本设定了相对简单的 OKR 目标、在 OKR 自评中得分较高的员工最终的绩效等级反而不如那些原本设定了相对有挑战性的 OKR 目标、在 OKR 自评中得分较低的员工。

至此，员工的观念发生了明显的转变。当他们再次制定 OKR 时，他们的顾虑明显少了，设置的目标也明显更具有挑战性了，随之而来的是，员工的工作热情也明显增加了。

以上我们为大家介绍了 OKR 模式下的三种绩效评价方式之间的关系，并由此理清了 OKR 模式下的绩效评价背后蕴藏的激励逻辑。总之，企业在引入和实施 OKR 的过程中，一定要始终牢记一个原则，那就是 OKR 的最终目的是要激发和释放员工的内在潜力，鼓励他们敢于挑战自我。

阿里巴巴的双轨制评估："红"与"专"

前面我们已经介绍了 OKR 模式下的绩效评价。事实上，现在几乎所有的企业都在做绩效评价，这已经不是什么值得"炫耀"的事了。只是，绩效评价的方式犹如"一千个人眼里有一千个哈姆雷特"，不同的企业有不同的做法。不过，根据我对我所服务的企业的观察，很多企业在做绩效评价时，往往都只考虑"工作业绩"这一个维度，而不会把价值观方面的内容也列入评价和考核中。

这正是阿里巴巴绩效评估的与众不同之处。前面我一直在说马云是一个非常重视价值观的人，阿里巴巴是建筑于价值观之上的公司。如果这种无形的理念不能融入一个可执行的管理制度中，那么阿里巴巴将是一个只在嘴上和墙上拥有价值观的企业。为此，马云说："价值观并非虚无缥缈的理念，价值观需要考核，不考核，这些价值观是没有用的。"

2001 年，为通用公司服务了 15 年的关明生加入阿里巴巴，他帮助阿里巴巴打造了一套与国际接轨的绩效管理体系，这奠定了阿里巴巴绩效管理的基础。阿里巴巴借鉴并强化了通用对价值观的推崇，采用了"活力曲线"法则以及基于这个法则的淘汰和激励制度。阿里巴巴把这个绩效评估制度取名为"双轨制绩效考核"。

那么，何为"双轨制绩效考核"？简单来说，所谓的"双轨制绩效考核"就是从业绩和价值观的两个维度进行考核，两个维度的考核指标各占 50%，如图 8–6 所示。

图 8–6　阿里巴巴的"双轨制绩效考核"

在我看来，阿里巴巴这样做其实是非常有必要的。因为从短期看，考核文化与价值观似乎对企业发展没有用，但企业要想维持长期健康、良性、持久的运转，甚至基业长青，对文化与价值观的考核就显得非常重要了。绩效是通往业绩的第一步，但绩效的基础一定是建立在文化、价值观之上。价值观与业绩一样，也是需要考核的，否则就形同虚设，这也是“双轨制绩效考核”的重要意义。

那么，名震江湖的“双轨制绩效考核”具体是怎么操作的呢？它又是如何区分出“明星”“小白兔”和“野狗”式员工的呢？下面，我以自己在阿里巴巴 10 年的亲身经历带大家详细了解一下。

“双轨制绩效考核”的流程及打分

所谓“汝欲得之，必先知之”，在了解“双轨制绩效考核”的具体做法之前，我们先来了解一下它的流程。在流程上，“双轨制绩效考核”需遵循以下逻辑：目标设定——自我评价——部门主管打分——HR 审核、汇总与反馈结果。

阿里巴巴的业绩打分共分为 6 档，根据目标完成情况、工作胜任能力、员工职业素养等业绩指标进行打分，这部分内容，我们将在下一节中详细介绍；阿里巴巴的价值观行为准则评分标准包括客户第一、团队合作、教学相长、质量、简单、激情、开放、创新、专注这 9 个方面，每项内容由低到高分为 5 个等级，最高分是 5 分。其中，如果员工连续两个考核周期都是 C 档，就将被淘汰。

通过价值观评分，阿里会将员工归为三档，如图 8–7 所示。

图 8–7　阿里巴巴价值观考核的三档标准

总之，在阿里巴巴，“双轨制绩效考核”的分值结果将与 4 个奖励直接有关——奖金、调薪、晋升、期权，基本原则是奖金和贡献有关，调薪和市场有关，晋升和潜力有关，期权和战略有关。

“双轨制绩效考核”如何区分“明星”“白兔”“野狗”式员工

我们都知道，在一个团队，最理想的人才是既有出众的业绩，又能与企业的价值观匹配，且富有团队精神的。然而，这样的员工终归是少数。有的人虽然能出成绩，但价值观较差；有的人价值观较好，但业务能力平平。大多数人介于两者之间，业务能力和价值观都在中等。

管理者应该采取怎样的取舍标准来评估员工呢？阿里巴巴用“双轨制绩效考核”来对员工进行评估（见图 8–8）。

根据“双轨制绩效考核”，阿里巴巴把员工分为五大类，即“野狗”“狗”“小白兔”“明星”和“牛”。

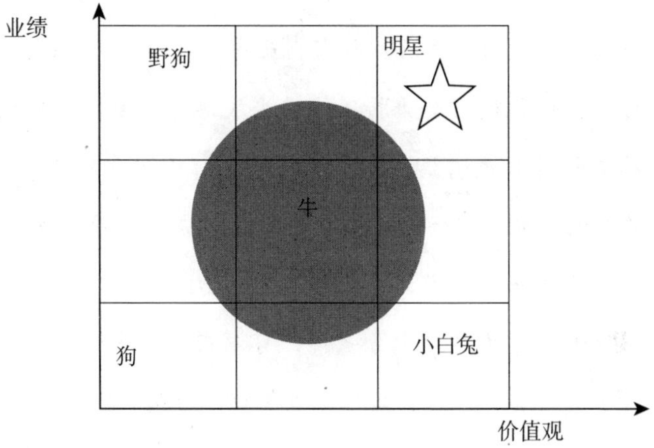

图 8–8　阿里巴巴的“双轨制绩效考核”

“小白兔”式员工：KPI 无法改善

“小白兔”式员工是指与企业价值观匹配，但业绩不好的员工。

“小白兔”式员工的表现

一般来说，“小白兔”式员工有以下表现。

能力一般：“小白兔”式员工往往因为能力不足而很难独立完成工作。基层的“小白兔”从事的工作比较简单，从而表现得不突出。如果进入高层，“小白兔”在能力上的“短板”就会被扩大。因此，其不适合做管理者。

混日子："小白兔"式员工一般都有自知之明，他们在认识到自己能力不足后，就在企业中混日子。"佛系"是他们的标签，他们通常会秉持着"平平淡淡才是真"的想法，在面对工作时心无鸿鹄之志，不求上进，只求一世安稳。因此工作时他们也是"得过且过"，不追求完美，不愿意改变。

熬年头：虽然"小白兔"的能力一般，也没有上进心，但他们的毅力可谓十分强悍，可以在企业中十年如一日地熬日子、熬资历。并且坚信"多年的媳妇熬成婆"，将上级领导"熬走"，自己就能取代其位置。

兢兢业业：这也有错？"小白兔"式员工不能胜任本职工作，无论工作多少年，能力没有任何提升，虽然兢兢业业，但也仅仅是维持工作，并不能带来创新和改变。

"小白兔"式员工对团队的危害

"小白兔"式员工看似"无辜"，时间久了却像一个长在企业里的"慢性毒瘤"，对团队发展十分不利。总结归纳一下，大概有以下几重危害。

占用资源，没有成果。"小白兔"式员工往往"在其位，不谋其政"，他们会使新人没有好好表现自己的机会，使有能力的人寻找机会跳槽远离，以避免被其拖累。能力往往是一位员工的价值所在，占用资源却没有任何成果的员工就是在浪费企业的资源，不利于团队价值的增值。

影响团队士气。“小白兔”式员工不思进取，会将“佛系”传染给其他员工。当这类员工占据主流位置时，他们会将企业的文化变为“佛系”文化，这会慢慢击垮员工的士气，将企业变成一只被拔了牙的老虎，没有高昂的斗志，只能等待死亡。竞争是促进个人成长、公司发展的必经路径。优胜劣汰，没有竞争，必然会走向失败。

不利于引进优秀人才，阻碍团队建设。当“小白兔”式员工在企业中熬出资历，成为管理者后也会倾向于招聘新的“小白兔”，避免有能力的人将其取代。这样就会形成恶性循环，将企业彻底变成“养老院”。他们的存在最终会让团队、企业走向末路。“千里之堤溃于蚁穴”就是这个道理。

对“小白兔”式员工的处理方式

那么，对于这类员工，管理者应该如何处理呢？无能但是廉洁爱民的官员到底该不该杀？这是热播剧《延禧攻略》中的皇帝面临的问题。太后与大臣都认为该杀，皇上却有些犹豫不舍。

不仅是古代的皇帝，现今的管理者也常常面临着这样的抉择：到底应不应该“炒掉”这种看起来兢兢业业但做不出好业绩的员工？对于这一问题，管理者可以借鉴优秀企业的做法。

阿里巴巴的答案：直接开除

马云曾说：“一个公司‘小白兔’多了以后，就是一种灾难。

如果不灭掉几个‘小白兔’，这个公司就不会前进，不会进步。”

所谓“生于忧患，死于安乐”，企业的“小白兔”式员工，大多都是温水煮青蛙的安逸环境造成的结果，原本有能力的员工，在不温不火的工作氛围下，逐渐变成了做不出业绩的“小白兔”。

所以，对于“小白兔”式员工，在整个团队稳健的情况下，管理者可以直接开除。如果不淘汰这类人的话，整个团队会把大量精力浪费在为“小白兔”式员工收拾残局上，没有多余的力气朝更高的目标发展。

在这方面，360 公司也采用了同样的做法。360 公司董事长周鸿祎曾经专门发了一个贴子，告诉人力资源部门，要定期清理“小白兔”式员工，防止公司出现“小白兔”式员工熬年头成为中高层管理者进而在公司造成“死海效应”。

华为的答案：激励 + 开除

华为对付“小白兔”式员工的做法是激励 + 开除。任正非说：“钱给多了，不是人才也人才。”对于给了钱，仍然达不到业绩要求的员工，直接开除。

但不是所有的企业都能像阿里巴巴、华为一样实力雄厚，对于不能像阿里巴巴、华为一样的企业该怎么办呢？简单粗暴地开除这些“小白兔”式员工是一个解决问题的方式，但是治标不治本，开除一名“小白兔”式员工，仍然会有接二连三的“小白兔”式员工出现。管理者最好的处理方式就是通过制度和文化，从内部激活“小白兔”式员工，让员工自发产生实现公司目标的驱动力。比如，管理者可以对“小白兔”式员工进行调岗，有句话说“‘小白兔’往往是放错了位置的‘明星’”。但如果调岗后，该员工还是没有任何突破，那么管理者就要果断地将其开除。

“野狗”式员工：触犯公司价值观

“野狗”式员工与“小白兔”式员工相反，他们是价值观不好但业绩好的员工。

“野狗”式员工的表现

一般来说，野狗”式员工有以下种种表现：

伪造数据或欺骗客户；

以消极且不负责的行为影响团队，或利用公司资源谋取私利或恶意使用资源；

违反保密协议，擅自泄露公司机密；

生活作风有问题，并在公司内造成恶劣影响；

工作态度消极，顶撞上司，与同事沟通不顺；

在团队里散播负能量，抱怨工作、抱怨公司、抱怨上司。

“野狗”式员工对团队的危害

管理者在任用“野狗”式员工时有很大的风险。这类员工很可能在利用公司的资源得到成长后反咬一口，这就是所谓的“翻脸不认人”。这类员工的能力往往比较强，或者有很大的潜力，但是他们没有契约精神与团队精神，总是将自己的利益放在第一位。例如华为的李一男就是“野狗”式员工的代表。他的发展潜能十分大，任正非十分看重他，将其视为接班人。让他在短短的 4 年时间之内，坐到了华为副总裁的位置。但没想到的是，李一男用华为技术部的核心员工和华为股份结算、分红的钱另起灶炉，与华为争夺市场份额。

管理者在聘用“野狗”式员工时，既要考虑到他给公司带来的利益，也要考虑到其风险，不要花费大量的时间与精力去为企业培养一个强大的且不遵循规则的竞争对手。这类员工只能短期任用，时间一长就会削弱制度的约束作用，降低管理者的威信，让团队变成“一盘散沙”。

“野狗”式员工的处理方式

一般来说，“野狗”式员工的工作能力很强，但在工作态度、职业道德等方面有问题。对于这类员工，企业应该如何处理呢？

对于像阿里巴巴这样不缺人才的大企业来说，一般都是直接开除“野狗”式员工。但对于正在上升期的中小企业来说，“野狗式”员工会填补人才空缺，可以快速地提升企业的业绩，推动企业更上一层楼。对于中小企业的管理者来说，“野狗”式员工就像一个不受控制的持枪者，企业一方面可以借其威势镇住他人，一方面又害怕他将枪口对向自己。那么该如何对待他们呢？对于

“野狗”式员工的留与不留，下面这个案例可以给企业的管理者答案。

老张是某公司的一名销售员基层管理者，经验丰富，能力超群，但一直得不到集团的重用。因为他是一名“野狗”式员工，不愿根据公司的规章制度办事，不太认同公司的价值观与文化，并且为人做事表里不一。

在 2018 年，该公司有一个发展前景较好的子公司缺乏销售管理人才，且招不到合适的人。公司在内部通过调查与筛选后，发现只有老张了解这方面的业务渠道，于是决定让老张担任子公司的销售副总经理，主要负责子公司的销售日常管理工作。考虑到任用这类员工的风险，子公司的销售经理由公司总裁担任。

老张在担任子公司的销售副总经理后，凭借一股“土匪劲儿”，将子公司的业绩带上了一个新的阶梯。但不到半年，公司的业绩就出现“滑铁卢”，一跌再跌。等公司总裁发现问题时，市场秩序已被打乱，代理商、竞争对手都混入其中，试图坐收渔翁之利。子公司的业务损失巨大，总裁也无力回天。

所以，“野狗”式员工能不用最好不用，要用也要慎用且不能重用，尤其是关键岗位一定不能让“野狗”式员工担任，否则就可能像上面的案例一样一失足成千古恨。

对于这类员工，阿里电子商务网站前总裁兼首席营运官关明生说过一句话："姑息可以养奸。"一旦你的团队里出现一味地以业绩为导向，不考虑团队利益、客户利益的"野狗"式员工，你的整个团队就毁了。所以，阿里巴巴的做法是：直接开除。马云也明确表示：对于"野狗"式员工，无论其业绩多么优秀，无论多么舍不得，都要坚决清除。

"老黄牛"式员工

处于中间地带的就是"老黄牛"式员工。

"老黄牛"式员工的表现

"老黄牛"式员工一般有以下几种表现。

> 工作能力不是很强，但往往任劳任怨；
> 做事勤勤恳恳、踏踏实实、不喜张扬；
> 没有太突出的业绩，但也不会做出违背企业价值观的事。

"老黄牛"式员工的处理方式

对于这一类员工，管理者要加强培训和激励，在稳定人心的同时，发挥他们最大的效能。

“老黄牛”式员工就像机器上的小齿轮，他们虽然平时默默无闻，但发挥着不可小觑的作用。他们在团队中可能会有不同的建议与想法，但会由于这样或那样的原因而不表达出来，这样长期积累下去，他们的工作热情会受到影响。因此管理者在管理这些员工时，要花费一些时间去了解他们的想法与建议，让他们感受到管理者的关心与看重，从而帮助他们找到存在感，并认可自身的价值。“老黄牛”式员工非常容易得到满足，管理者只要给他们提供一个可持续、清晰、长远的发展规划，使他们看见未来的希望，甚至不用发挥奖励机制的作用，就可以让他们任劳任怨地工作，对企业无怨无悔地付出。

管理者在归类员工时，可能会划分得不太准确。不同的员工有着不同的自我定位与预期，如果管理者不能明确地划分员工类型，那么这会使员工在工作时遇见阻碍。这样尤其会对“老黄牛”式员工产生很大的影响，从而降低他们工作的积极性与热情。例如，如果管理者将他们划分到创造型员工中，那么他们可能会因为这一方面的能力不足，而在工作中受挫，进而降低信心，丧失热情。

管理者除了正确划分“老黄牛”式员工的类型外，还要关注他们的心理诉求，这样才能用感情拴住他们的心，从而更好地管理他们，让他们在岗位上充分地发光发热。

“明星”员工：业绩和价值观都好

“明星”员工，顾名思义，就是业绩好、价值观也好的员工。

“明星”员工的标准

对于阿里巴巴来说，“明星”员工需要具备以下几个条件。

> 诚信和热情是员工最基本也是首要的素质。这种品质之所以重要，是因为它对一个人来说有就是有，没有就是没有，如果没有那么将很难培养；
>
> 乐观上进，健康积极，有朝气，对互联网行业充满兴趣与激情，渴望成功；
>
> 有适应变化的能力，具备较好的专业素养和职业修养，善于沟通协作；
>
> 具有学习能力和好学的精神。

“明星”员工能给团队带来的积极作用

明星员工的个人绩效一般都很好，他们不仅会给企业、团体带来较高的业务贡献，还可以带动周围员工的生产效率提升 10%，这就是溢出效应。明星员工的业务贡献只是他们给企业、团体带来的基本好处，而溢出效应的好处才是“大头”。

明星员工其实相当于员工模范，他们可以向团队成员分享有价值的知识与信息，为其他团队成员提高工作效率、提升工作能力提供巨大帮助。他们在团队中起到了引导与示范作用。除此之外，明星员工在工作时还会不经意地传播正能量，这有利于传递企业的价值观，推动企业文化的建设与发展。

如何留住“明星”员工

对于“明星”员工，管理者当然是想办法留住。如何“留”呢？

阿里巴巴的做法是在物质上慷慨奖励，在精神上给予荣誉。物质奖励留得住人，精神荣誉留得住心。做好这两点，“明星”员工基本都能留住。

除了这四种员工，还有一种“狗”式员工，也就是业绩和价值观都不达标的员工，对于这样的员工，没有什么可赘述的，毫不犹豫地开除。

以上就是阿里巴巴运用“双轨制绩效考核”对员工所做的区分以及处理，用一句话来总结就是：赏明星，杀白兔，野狗要示众。

如今，随着新生代员工步入职场，越来越多的企业认识到，对于员工的评价，不能仅局限在业绩完成的情况，还需要考量员工的价值观，让他们能够真正融入公司，认可公司的文化，真正成为公司的一员。因此，双轨制绩效考核被越来越多的企业所应用。

绩效考核是通往业绩和公司文化的第一步，只有把绩效和价值观挂钩，才能明确招什么样的人，用什么样的人，提拔什么样的人，解雇什么样的人。阿里巴巴通过双轨制绩效考核来确保既能做出有价值、有意义的事，又能造就一个备受鼓舞的团队。即马云说的使命感和梦想会给企业一个方向，绩效体系里面一定要包含公司的使命感和梦想。

阿里巴巴的绩效评分标准和“271”制度

相信大家对于阿里巴巴双轨制绩效考核模式已经有了一定的了解。在提到阿里巴巴的“双轨制绩效考核”流程的时候，我提到了阿里巴巴的业绩打分共分为 6 档。那么，这 6 档究竟是如何划分的呢？在阿里巴巴，每个档位的员工占比又是怎样的？接下来，我将为大家进行详细解答。

阿里巴巴的绩效评分标准

首先要说明的是，目前，在阿里巴巴，OKR 还只是一种尝试，大部分的部门依然在使用 KPI。而阿里巴巴制定 KPI 的核心又可以概括成一句话：公司利益、部门利益、员工利益三合一，所有力都往一处使。

据此，阿里巴巴将其业绩评分标准划分为以下 6 档：

3 分：不合格

3.25 分：需要提高

3.5 分：符合预期

3.75 分：部分超过预期

4 分：持续一贯超出预期

5 分：杰出

根据这个评分标准，目前在阿里巴巴，大概有 20% 的员工会拿到 3~3.25 分，而有 70% 的员工会拿到 3.5~3.75 的分数，只有 10% 的员工能拿到 4 分。这就意味着，拿 4 分是或者 4 分以上是非常难的，要得到这 4 分，不仅要付出 12 分的努力，更要有“真金不怕火炼”的真本事，能真正解决重要的难题。

这个得分人数的占比，也正是我们接下来要详细介绍的阿里巴巴著名的“271”制度。

阿里巴巴的“271”制度

在前文中，我们已经为大家介绍了阿里巴巴的 6 档绩效评分标准。归根到底，绩效评分标准就是为绩效考核而服务的，那么落实到具体的员工身上，这个绩效考核的分数又该如何打呢？

管理者都知道，绩效考核最容易得罪人。有的管理者为了不得罪人，绩效考核都打高分。到头来，“小白兔”式员工不害怕被降薪，“骄娇二气”就更加浓厚了；“明星”员工见付出再多也得不到回报，不再继续努力做业绩。这就完全失去了绩效考核的意义，团队迟早要散。

除了阿里巴巴以外，网易等许多名企都十分推崇“快乐工作”，它们试图通过宽松、人性化的管理模式，为员工打造一个更好的工作环境，在最大限度上激发员工的工作热情。但这种模式也是有底线与原则的，即根据考核赏罚分明。只有这样，才能让每一位员工也做到有原则、有底线，在工作中不“摸鱼”，不混日子，将工作视为事业，并为之奋斗。

为此，阿里巴巴出台了“271”制度。事实上，“271”制度并非阿里巴巴原创，它与双轨制绩效考核一样，是“中供铁军”的早期奠基人关明生先生从通用电气带过来的。直到今天，阿里巴巴还在坚持。在阿里巴巴，每一个团队都有一个“271”的排名，甚至每一个层级都在贯彻“271”制度。

什么是“271”制度

“271”制度，就是管理者在每季度、每年根据双轨制绩效考核，把员工划分为三个档次：

第一档（2）——超出期望的员工，占全体员工的 20%

这 20% 的员工不光有突出的业绩表现，同时也是阿里巴巴核心价值观的践行者。阿里巴巴高层将他们视为公司的骄傲，不断提拔他们到重要岗位。

第二档（7）——符合期望的员工，占全体员工的 70%

这类员工认同公司的核心价值观，思想觉悟没问题，但业务能力中规中矩，并无突出表现。阿里巴巴的大多数员工都是这种类型。公司将对他们进行针对性培养，挖掘其潜力，鞭策他们进入 20% 的佼佼者行列。但与此同时，阿里巴巴也不放松对其价值观的考核，以免他们思想懈怠，下滑到最低的档次。

第三档（1）——低于期望的员工，占全体员工的 10%

这类员工也许表现得很差劲，也许业务能力非常突出，但他们的共同特征是不认同公司的核心价值观。按照阿里巴巴的用人原则，业绩拔尖但价值观考核不过关的就是“野狗”式员工，就是管理者要开掉的对象。

“271”管理：抓“2”，辅导“7”，解决“1”

那么，阿里巴巴又是如何对以上 20%、70% 和 10% 的员工进行管理的呢？在日常管理上，阿里巴巴重点关注两头，也就是抓住了“2”，解决了“1”；对中间的“7”，则是以辅导为主。

20% 的员工：树标杆、立榜样，给予物质与精神的褒奖

对于团队里面最好的 20% 员工，阿里巴巴首先是给予了大量的褒奖，包括奖金、期权、表扬、培训以及其他各种各样的物质、精神奖励。这样是因为，阿里巴巴一直信奉一个观念：一定不能把“明星”员工给怠慢了，要让优秀的人得到最优秀的奖励。

在阿里巴巴，“271”中的“2”占整个激励盘子的 30%~50%。比如，今天要奖励 10 个人，奖金总额是 10 万元，第一名和第二名要拿走 4 万 ~5 万元。这就对各类员工在奖励方面做了一些区分。这里面有个重点：管理者一定要把 20% 的员工树立成榜样，在团队

里，榜样的力量是无穷的，他们可以给大家指引方向、树立标杆，可以让其他团队成员沿着榜样的成长路径去快速的成长。

在这方面，阿里巴巴面临的最大挑战是什么？简单来说，最大挑战其实就表现在以下三方面。

管理者一定要清楚团队里谁是“明星”员工。

“明星”员工自己清楚自己是否是“明星”员工。

管理者为“明星”员工做些什么。

要明白，“明星”员工往往是内驱力极强、目标感极强的人。他们不缺目标，他们缺的是职业发展的路径，他们需要的是快速地成为管理者，这也是阿里巴巴能够为 20% 的员工做得极为务实的事情。

70% 的员工：做好辅导，帮助他们建立结果思维与目标意识

“7”在“2”与“1”之间，“7”这个位置其实是很尴尬的，也是最难管的。“1”是管理者可以直接不要的，“2”是管理者可以放心地把事情交给他去做的。而“7”是在业绩和价值观方面都不怎么突出的员工。对于这 70% 的员工公司更多的是采取技能辅导和目标设定的管理方式。如今很多企业都在对员工进行大量的培训，但事实上，大多数员工缺的不是简单的培训，他们缺的是辅导，缺的是管理者的口传心授，就像师傅带徒弟一样，真的教

会他们，让他们具备工作的技能。

说到技能辅导，阿里巴巴在这方面做得非常好。阿里巴巴有辅导的 16 字方针，叫“我做你看，我说你听，你做我看，你说我听”。管理者辅导员工首要任务不是说，而是俯下身来实实在在地做，帮助员工拿到结果。然后在做的过程中“我说你听”，把积累的经验详细地传授给员工。在管理者教完之后“你做我看”，通过这一步检验员工是否学会，最后是“你说我听”，管理者要看员工的工作方式方法对不对，有没有抓住窍门。如果真的学会了，员工还要具备传承的能力。

目标设定：70% 的员工有一个共性问题是缺乏目标感。他们和“明星”员工最大的区别是“明星”员工往往有着极其清晰的目标感和内驱力，但 70% 的员工往往缺少清晰的目标设定。所以管理者要逐步帮他们建立目标感，养成结果思维和目标意识，最终形成以结果与目标为导向的习惯。

10% 的员工：心要慈刀要快，“不教而杀谓之虐”

优胜劣汰，是管理者对待“1”的最有效的方式。正所谓“快刀斩乱麻”，管理者要及时将这部分员工剔除，避免造成更大的损失。

就算“1”有极强的业务能力与超高的绩效水平，管理者也不能给他们发奖金、加工资，因为他们不认同企业的价值观。这 10% 的员工代表着团队的最末等，如果给予他们较高的待遇就会给其他员工释放一个错误的信号，降低员工对团队的信任。除此之外，管理者就算欣赏这类员工，也不能将公司有限的资源全部放在他们身上，否则就会“祸起萧墙”。

在阿里巴巴，有一个活动叫“圆桌论坛”，管理者不能参加，HR 和团队所有的员工进行座谈。我在阿里巴巴带团队的时候，最怕的就是员工给我的点评都是“领导人真不错”“领导对我们怎么怎么好”。要知道，作为管理者，当你的团队里每个员工都说你好的时候，这个团队就出问题了。这往往代表的是管理者的不作为。管理者要一定要做到：对得起好的人和对不起不好的人，一定不能让优秀的员工吃亏。

为此，阿里巴巴采用两个考核周期，连续两次处于末位的 10% 的员工才会被直接开掉。其中，年度考核两年进行一次，季度考核每两个季度进行一次。将考核周期拉长，是因为员工的行为具有不确定性，可能会随着时间、环境、市场等因素的变化而改变。拉长周期可以得到更为准确、公正的考核结果。

所以，对于 10% 的员工，挑战最大的还是管理者，这时管理者一定不能做“老好人”。对待 10% 的员工的管理核心：一是心要慈，刀要快；二是“不教而杀谓之虐”。

在开掉这个员工的时候，管理者一定要先在内心里问自己：我在这个人的成长过程中做了哪几件事？

如果你能准确地回答，那么说明你已经全力以赴了；如果你不能回答，那就是“不教而杀谓之虐”，这意味着该“杀”的不是员工，而是管理者自己。如今，员工在团队里最大的危机就是当他不会的时候没有人教。

管理者需要注意的是，阿里巴巴的“271”绩效考核原则是采取员工自我评估与管理者打分相结合的模式。当考核成绩在 3 分以上或 0.5 分以下时，管理者必须列出具体的案例来解释打分的原因，否则考核成绩不被承认。管理者在给员工做完考核后，要和他们进行沟通，讨论绩效中存在的问题。如果员工觉得不公平，可以向 HR 反映情况。HR 则会检查管理者对该员工的考核内容，进而了解这个成绩是否公平合理。

第 9 章
绩效改进，如何利用 OKR 对绩效产生激励

企业在导入 OKR 的过程中，很重要的一个环节便是复盘。通过复盘，企业可以更好地看到当前的工作进展，自身与目标的差距，以及需要改进和完善的地方。而复盘的终极目的，正是为了更好地利用 OKR 对绩效产生激励。

对关键结果进行打分

在本节的开头，我想首先设置一个假设：某公司的销售部门创建了一条 OKR：这个季度获取 30 名新客户。对于该销售部门而言，这个目标很具有挑战性，能够很好地激发部门员工的工作热情，让他们每个人都竭尽所能地去为公司吸引新客户。到了季度末的时候，该团队也不负众望，成功吸引了 25 名新客户，那么此时，这个结果又该如何评定呢？

答案其实很简单，管理者要想对这个结果进行评定，就需要去综合考量这个部门过去取得的成绩，以及他们对未来的期望。比如，如果在上个季度中，该部门只收获了 10 个新客户，那么对这个部门来说本季度收获了 25 名新客户无疑是一个非常不错的成绩；反之，如果在上季度，该部门收获了 50 个新客户，那么相比之下，这个成绩就显得不尽如人意了。

由此我们可以看出，创建一个有效的 KR 能帮助我们更好地了解自己的业务，这是度量项的主要用途。也就是说，在实施 OKR 的过程中，我们需要仔细考量自己的预期，并创建一系列指标来对关键结果进行具体评判。OKR 打分就是要做到这一点。

那么，在本节的内容中，我将和大家一起来聊一聊对 OKR 的关键结果进行评分的那些事。

OKR 的评分标准

OKR 作为一套开放的企业管理框架，它的实施可以根据实际情况进行调整。OKR 制定的目的是鼓励员工对更高强度的目标发起挑战，因此，管理者在设定 KR 的时候就需要带有一定的挑战性，如果员工可以轻松完成设定的 KR，从这个层面上来说，OKR 就变成了一份任务清单，我们也就不能称之为成功的 OKR。

在 OKR 评分习惯上，常见的是用 0~1 分的区间来进行评分，有时也可以根据个人习惯来用百分制计分。

OKR 推荐评分标准如下。

1 分：（完美）效果远超预期，很少能实现。

0.7 分：（良好）效果达到预期。

0.3 分：（一般）达到效果的底线。

0 分：无进展。

从 0 到 1 的评分，决定权在于完成 KR 的程度。但它并非和对应指标成比例关系。例如，KR 设定的产品销售量提升 10%，如果季度销售量提升了 5%，它的评分不一定就是 0.5，因为 KR 的评分是根据任务的难易程度来决定的。

还是上面的例子，我们可以设定为：

“一个季度产品销售量提升 5%”是一个常规销售人员能够达到的目标底线，你就可以把这个 KR 的评分设定为 0.3 的层面；

“一个季度产品销售量提升 8%”是一个效果显著、难度较大的目标，你就可以把这个 KR 的评分设定在 0.6 的层面；

“一个季度产品销售量提升 10%”是一个难度非常大，几乎无法达到的目标，但因为某些因素的加成，可能有一丝希望达到，你就可以把这个 KR 的评分设定在 1.0 的层面上。

以上可以看出，评分的目的是制定比较合理的 KR。评分的分值对应完成相关任务的难易程度。当 KR 设定好，到一个周期结束时，评分就比较简单直接了。因为它的使命在设定 KR 的时候已经完成了。KR 的评分标准就像老师在改试卷时用的区段打分法，有一定比例的学生可以得优秀，有一定比例的学生可以得良好一样，以此类推。

这也是 KR 的评分一直维持在 0.3~0.6 分的原因。我们需要明白，实施 OKR 的目的是让员工聚焦关键目标，用一个高标准的姿态来规划任务，任务的难易程度决定了 KR 设定的成功与否。在互相交流的过程中，员工很容易认识到自己能够达到的水平，并且员工要在这个水平上对自己提出更高的要求和挑战。以跳高为例，运动员在比赛刚开始时一般会尝试自己训练中的高度，在这个高度上逐级上调。在名次已经稳定后，他一般会要求挑战自己的历史最好成绩，争取能够超越它。

OKR 评分的注意事项

在实际的 OKR 评分过程中，管理者还应该注意以下几方面的问题（见图 9–1）。

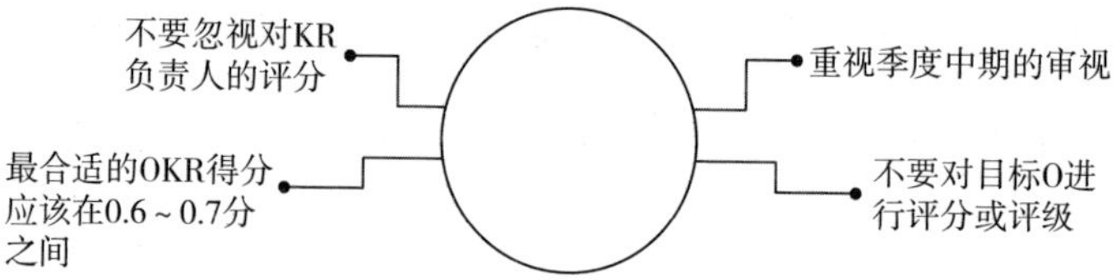

图 9–1　OKR 的评分注意事项

不要忽视对 KR 负责人的评分

在 KR 评分的时候，管理者也需要对 KR 负责人进行评分，特别是在整体评分比较低的时候。管理者需要对所有的结果，负最终的责任，不能给 KR 负责人增加额外的压力；评分和复盘的过程应该聚焦在执行过程和吸取教训总结上，而不是评分本身。在真正的实践中，KR 负责人往往是自驱力比较强的员工，所以不能用绩效来衡量他们的付出，不能靠绩效来驱动他们。

重视季度中期的审视

俗话说，比坏消息更坏的是迟到的坏消息。这句话在 KR 上也同样适用。管理者如果在一个季度中对 OKR 的推进情况毫不关心，到一个季度快结束的时候才发现 KR 的评分不尽人意，那么团队最终的结果一定是糟糕的。因此，管理者最好随时保持对 OKR 进度的关注，这样才能保证最后达成目标的效果。

那么，季度中期的审视究竟应该怎么做呢？以下建议，或许可以给你一些启示。管理者在设置 OKR 时，可以将成功和失败的概率设置为 50%。原因在于，100% 这个指标是相当具有挑战性的，因此 50% 是一个比较合适的值。此外，管理者也可以在季度中期了解团队成员的成功概率发生了何种变化，例如这个值是上升了还是下降了。无论答案是什么样的，都可以反映 OKR 在推进过程中存在的问题。

如果这个值下降了，那么管理者可以通过合理的资源倾斜来让团队赶上进度，如果这个值有很大的提升，团队就可以将多余的精力分配到其他人的 KR 上。

最合适的 OKR 得分应该在 0.6~0.7 分之间

在几个季度之后，合理的 KR 的评分应该处于 0.6~0.7 之间。如果评分超过了 0.7，说明目标本身不具有一定的挑战性，未能充分发挥团队的潜能和人才的优势；如果评分低于 0.6，那么说明设置的目标可能挑战难度过大，团队难以达成。持续较低的得分会让团队成员丧失信心以及对 OKR 的理念产生怀疑。这时管理者应该及时和团队成员进行交流，对实现目标的可能性展开深入的讨论。

不要对目标 O 进行评分或评级

目标 O 是对驱动组织朝期望方向前进的一种简洁的定性描述，它回答的是“我想实现什么”的问题，它是用来激发团队达到成长和创新的新高度的；KR 则是一种用于衡量目标达成情况的定量描述，它回答的是“如何实现目标、如何衡量目标是否完成”的问题。

很多企业在实施 OKR 的过程中会过于重视目标的达成情况。例如要想目标 O 达成，必须完成所有的 KR。这意味着如果某个目标有 4 个 KR，而团队只完成了三个，有一个没有完成，那么这个目标就不算完成。

事实上这种做法并不合理。很多时候员工已经付出了很多时间和精力，最终却被告知目标未完成。过于注重最终的目标达成情况，容易造成员工的自我怀疑以及令员工产生挫败感。因此，我们建议管理层在对 OKR 进行评分时，不需要对目标 O 评分，只需要关注 KR 的评分以及评级即可。

以上我分享了 OKR 评分的标准和注意事项，希望大家能够学以致用。

掌握“承担责任和庆祝成功”的节奏

当今社会，如果你不想被竞争对手超越，不想被颠覆，你就需要时刻保持学习的姿态，掌握“承担责任和庆祝成功”的节奏。对于 OKR 的实施而言，更是如此。毫不夸张地说，只有做到了这一点，OKR 才能真正对企业的绩效管理产生激励。

那么，在实施 OKR 的过程中，我们应该如何去掌握“承担责任和庆祝”的节奏呢？答案其实很简单，那就是要重视 OKR 周例会、OKR 季度中期会议和 OKR 季度评估。

OKR 周例会

在探讨周例会具体应该做什么事情之前，我们首先要弄清楚为什么要开 OKR 周例会。

为什么要开 OKR 周例会

很多人看到“开会”这个词都会很反感，每次开会老板先讲几个小时，会后还要加班去完成因为开会耽误的工作，最重要的是会开完了，什么结果也没有。但是 OKR 的周例会真的非常必要。

有两点必须首先说明：一是，周例会是一种建议，并不是强制的。每个团队、每个组织可能对开会的看法是不同的，有些团队可能需要开会，有些团队开会反而是浪费时间，这个必须要具体问题具体分析；二是，虽然周例会看起来确实浪费了个人的工作时间，并且增加了员工的工作负担和工作复杂度，但是它对推动目标的达成具有重要的作用。

通常，召开周例会的目的主要有三个，如图 9–2 所示。

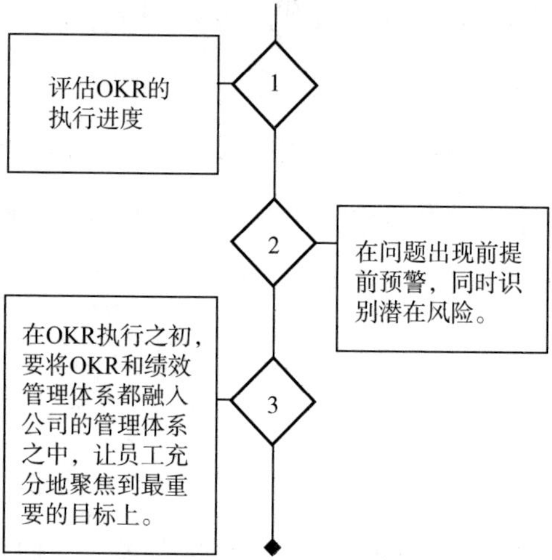

图 9–2　开例会的目的

总之，召开 OKR 周例会是非常有必要的，它也是帮助我们掌握“承担责任和庆祝成功”的节奏的关键步骤。因此，千万不要把周例会认为是结果检查，而要将其当作一个分享信息以达成更有价值目标的讨论。

OKR 周例会上，大家一般会做什么事情

归纳起来，在 OKR 周例会上，我们应该解决以下问题。

确定工作的优先级

在工作的过程中，我们常常会被突然插进来的工作打断。在周例会上，我们一定要再次确认工作的优先级，弄清楚哪些是对实现目标更有价值的工作，哪些是应该放在前面优先处理的工作，唯有如此，它才能帮助我们完成 OKR。

确认员工的信心指数以及 OKR 的执行情况

员工在制定每一项 OKR 的时候都会将成功和失败的概率自动设置为一半一半，而在开周例会时，员工则需要再次评估一下自己对完成工作的信心指数。信心是上升还是下降在此时并不重要，重要的是为什么会出现这种情况。

此外，在周例会上，管理者还需要确认 OKR 的执行情况：如果 OKR 进展正常，暂时没有出现问题，那么团队成员需要及时查看有没有其他的原因可能会导致项目停止，以便提前规避风险或

进行风险预警；如果 OKR 的进展出现了问题，此时就需要讨论下一步应该怎么做了，是加大投入还是需要从外面再邀请人加入团队一起工作，最终的结果一定是让 OKR 的执行步入正轨。

需要注意的是，在这个过程中，团队评估应该是非正式的，凭主观判断就可以了，并不需要团队花大量的时间去进行数据统计和分析。更重要的是，要让所有员工放心地将困难分享出来，将影响信心的关键点也分享出来。

而要做到这一点，很重要的就是要在周例会上营造一个相对和谐的氛围。假设一下，如果周例会的氛围不和谐，或者上司在会议中批评了员工，那么下一次 OKR 周例会，还有谁会愿意分享呢？到那时候，可能所有的问题都会集中在季度总结大会上爆发，然而一切已经无法补救，给公司带来不可挽回的损失。因此，员工在周例会上说出自己的困难是应该被鼓励的，而不是被批评的。

及时了解员工的负面情绪

OKR 无论在哪个阶段都需要员工进行创造性思考，发挥集体的智慧，促进公司目标的完成。通常，在 OKR 运行一周之后，每个员工对 KR 指标都一定会有自己的想法，一旦产生负面的想法，这种负面情绪很快就会蔓延，最坏的结果是所有的员工对 OKR 的完成都持消极态度。因此，周例会需要及时了解员工的这些负面情绪，弄清楚他们究竟是不是真心这么认为的。

持续关注健康度量项

再精心设计的 OKR，最终也要看健康度量项能否完成。所以，在开周例会的时候管理者一定要持续、频繁地关注健康度量项，讨论这些健康度量项的执行情况，以及这些健康度量项在下周、下个月或者未来对 OKR 的影响。

如果周例会顺利的话，在会议结束的时候，每位员工都应该知道自己下一步应该做什么，下周大家关注的点在哪里，需要团队去外部寻求哪些资源，以确保项目能够及时地推动下去。

需要注意的是，周例会的时间一般不要超过 1 个小时，在开会之前，团队成员还要进行充分的准备。有时候，有些 OKR 的小组成员级别比较高，平时也非常忙，时间难以敲定。所以，他们是否有必要参与会议一定要提前想好，此外还要及时和对方约时间，以便能准时到会。

现在越来越多的企业会举行远程会议、视频会议、电话会议，虽然效果也越来越好，但是面对面的交流依然是最佳的沟通方式。特别是现场的一些沟通和对话，能让大家的思想有更进一步的交流，因此大家在一起进行现场会议，始终是最好的方式。

OKR 季度中期会议

在现实生活中，虽然我们经常会预测一些事情，但经验告诉我们，这些预测很多时候都是不准确的。比如，在你白天出门的时候天空一片晴朗，于是，你预测今天会是个好天气，谁知中午就来了一片乌云，很快就大雨倾盆。看到这里，许多人或许会觉得这种情况与 OKR 并没有多大的关系。尽管在引入 OKR 后，我们也需要对 OKR 进行预测，但是在许多人的眼中，那些在预测 OKR 中起到主导作用的企业管理人员，其预测能力肯定比普通人更高。

事实真的如此吗？

为了弄清楚这一问题，《经济学人》1984 年曾做了一个实验：它邀请了 4 位财政部长、4 位跨国公司的 CEO、4 位牛津大学经济学院的学生和 4 位保洁人员，让他们同时对未来的经济大环境进行预测。出乎意料的是，实验结果显示，所有参与者的预测都出现了偏差，平均预测值不是比实际情况高出 60% 就是低于 60%。并且，跨国公司 CEO、牛津大学学生和保洁人员的预测结果基本雷同，财政部长的预测最为糟糕。

这个实验告诉我们，不管是高管，还是普通员工，在现实生活中，几乎每个人的预测都会出现偏差。这种偏差，当然也可能会存在于我们对 OKR 的预测上。

那么，如何才能避免对 OKR 的预测产生偏差呢？答案其实很简单：开 OKR 季度中期会议，利用季度中期审查来帮助我们判断项目的进展情况。

前面说过，在周例会上，我们会通过信心评估来明确大家对 OKR 的信心指数。然而，OKR 预测从本质上来说是主观进行的，并且很多团队成员在做这件事的时候，都是初次接触，都没有经验，所以预测结果会相应地出现巨大偏差。然而，一旦偏差结果太大，可能就会影响到季度目标的达成。

因此，利用季度中期审查来帮我们判断项目的进展情况就显得十分重要了。不过，和周例会一样，季度中期会议也并不是十分正式的审视，它最重要的作用是要寻求 OKR 的正确方向。因此，在季度中期会议上，团队成员应该深挖可能影响 OKR 进度的因素，同时又不需要花太多的时间去收集证据证明自己的观点。

需要注意的是，除了这一点外，我们在前面内容中介绍的在周例会上应该解决的 OKR 事宜在季度期中会上也同样要做，和 OKR 周例会不同的是，当我们在做这些事情的时候，我们应该把自己的关注重点放在状态的确认上。简单来说，就是通过新收集上来的各种信息去重新评估项目的期望值，同时调整未来 6 周的工作，以保证项目能够取得好的效果。如果你的 OKR 目标因为瞬息万变的外部环境而变得没有意义，此时你一定要马上取消你的 OKR，防止浪费资源；相应地，如果由于客户的需求发生变化、供应商的供货能力发生变化、战略重点调整等客观因素导致你的 OKR 目标需要进行及时调整，那么，你也应该及时刷新你的 OKR；如果因为各种原因，导致你的 OKR 优先级发生变化，此时你也需要及时调整资源，加大投入，让这些需要调整优先级的工作取得成效，以达到预期。

有一点必须强调，周例会和季度中期会议也不是保证 OKR 顺利完成的保险箱，有时，即使进行了周例会和季度中期审查，要完成 OKR 也是非常困难的，但是有了这些流程，预测会变得更加可靠。同时，因为通过会议，OKR 有了一定的数据支撑，那么员工对于它的判断可能会变得更加明智，在未来的时间里员工可以有准备地调动资源，相信通过合理的调配，员工完成 OKR 的概率也会高出很多。

季度评估

在前面的内容中，我们已经讨论过，OKR 最大的特征之一就是敏捷开放，这也就意味着，企业实施 OKR 的周期并没有统一的标准，不过，目前使用最多也最为推荐的是按季度来设定周期。

一般来说，在一个 OKR 周期完成后，当初靠猜的目标完成情况就有了一个很明确的结果。那么此时，你需要对当初制定的 OKR 进行一次客观正式的评估。我们把这次评估称为季度评估。

通常，季度评估要解决两个关键性的问题：一是，到底 OKR 执行到何种程度了？二是，究竟是靠什么方法将 OKR 执行到这种程度的？

到底 OKR 执行到何种程度了

要解决第一个问题“做到什么程度”，也就意味着管理者要根据实际的情况对 OKR 进行打分。每个季度管理者都需要分别给公司、部门和个人一个 OKR 的分数，并且要给出评分的依据。并且，这些得分和打分的理由还必须对外公开，既包括对部门、上级的公开，也包括对参与 OKR 的相关外部人员的公开。这种分享结果的做法，可以帮助团队更快地总结经验教训，并吸收优秀的实践经验。同时，公开的结果，也能让其他团队更清楚 OKR 的事实情况，从而让他们根据实际情况去调整下一步他们的目标和动作。这些工作从组织的角度来说是非常必要和有价值的。

需要注意的是，在引入 OKR 的过程中，如果我们的目标定得清楚明了，前面的周例会和季度中期审查也做得非常到位，那么季度评估就会变得相对简单。通常，季度评估会议可以设计结果陈述、问答和讨论等环节。在这个过程中，进行 OKR 结果陈述虽然没有强制性的标准，但是一定要注意时间，如果有 10 个人参加会议，那么每个人的会议陈述时间就应该控制在 6 分钟内。如果 10 分钟仍然没有讲完，那么最多再延时 2 分钟，一旦到了时间就要强制打断，这样就能将总的陈述时间控制在 2 小时内。之所以这样做，是因为马拉松式的会议通常会让人感觉非常疲惫，效果也不好。

此外，在陈述的时候，一定要先说好的方面，比如这次 OKR 哪些地方做得很好，取得了哪些成绩，从好的氛围开始才能更好地调动会议的情绪。

究竟是靠什么方法将 OKR 执行到这种程度的

季度评估会议的另一个重点就是要 OKR 能达到这个程度的原

因，即弄清楚影响 OKR 效果的几个关键因素，以及组织需要在哪些地方进行优化。虽然 OKR 的分数很重要，但真正重要的其实是执行过程中的交流，探讨在执行OKR的周期里，大家都做了什么，做的过程中遇到了哪些问题，这个季度到底还出现了什么问题。

很多组织开会的氛围普遍非常压抑，有一种老板批评下属的感觉。但是OKR的季度会议一定要营造一个大家各抒己见的氛围。如果公司表面上提倡大家说实话，会议之后老板却开始“秋后算账”，那么以后大家也就不愿意再说实话了。

总之，不是激烈的争吵才代表大家都在积极思考问题，相反，大家互相尊重，尽量避免言语上的冲突，不互相推卸责任才能推动组织不断的进步。

最后需要注意的是，无论是 OKR 周例会、OKR 季度中期会议还是季度会议，开会都不是最重要的事情，最重要的是怎么让会议开得有价值。复盘会议也不是追究责任的大会，或是互相推卸责任的会议，只有真正从开会中找到问题，才能帮助团队在下一个 OKR 的运行周期里取得更好的效果。

阿里巴巴 Review“三板斧”

“Review”，在阿里巴巴被称为“述职”或“复盘”，很多企业也把它叫作“绩效面谈”。可能很多管理者之前没有听过“Review机制”，这个机制是马云在阿里巴巴创始之初，亲自为整个基层管理者打造的。那时，马云常常亲自为所有的管理层进行 Review。

提起 Review，现在很多企业管理者对其都有着颇多误解。有的人认为 Review 就是扒皮大会，就是要员工痛哭流涕，以驳斥为主。这些都是以讹传讹，因为任何不能赋予员工力量的 Review 都是“耍流氓”。“Review 机制”是阿里巴巴管理体系中一个非常有效的落地工具，它能帮助员工、团队甚至整个组织有效地成长与赋能。

那么，管理者应该如何做好 Review 呢？

Review“三板斧”

Review 机制主要分为三个维度：结果维度、策略维度和团队维度（见图 9–3）。

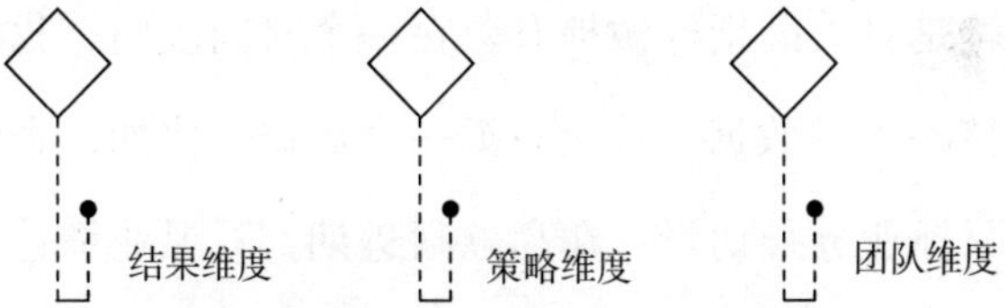

图 9–3　“Review 机制”的三个维度

结果维度

结果维度是对整个事情的完整复盘，管理者首先让团队成员对目标达成共识，然后再对过程进行层层分析，最后对核心关键点指标进行提升。经过这个复盘过程，管理者基本上就能够把整个事情的全貌看得清清楚楚，哪里做得好、哪里有问题也一目了然。

在结果维度中，最重要的是就过程数据进行抽丝剥茧的深度思考和沟通。阿里巴巴在进行 Review 的过程中，都会要求团队成员提供这个阶段的数据、业绩和成长点，这个过程中我们会发现有些员工在数据上是存在问题的。我们可以通过 Review，把数据背后的问题来拎出来，发挥集体智慧，让大家一起来分析为什么会发生这样的情况。比如，本月的目标是完成 100 万元的业绩，最后却只完成了 70 万元，背后的原因是什么？是团队状态不好，还是方法有问题？当然，我们不仅要发现问题，更要找到解决方法。在阿里巴巴，这个“找出问题、解决问题”的过程也叫“不断给药的过程”。

除了对过程数据的抽丝剥茧，结果维度的 Review 中还有一个重点，那就是对关键指标做提升。在一个时间段内，我们只需要抓少数的核心关键数据，甚至只抓一个数据。比如，企业在休养生息期，只抓业务拜访量；在高歌猛进期，只抓业绩达成率；在业务转型期，只抓新客户数量。管理者应该和员工对一段时期内的关键指标达成共识，并形成有力的监督机制，死抓提升关键指标的要素，并和企业的大战略保持一致性。

以上就是结果维度的 Review，在阿里巴巴有句话：“今天最好的表现是明天最低的要求。”这句话的意思是不管这次 Review 做得多好，它都已经是过去的表现了，在下个阶段需要拿出更好的表现。关于这一点，无论是管理者还是团队成员，都应该有一个清楚的认识。

策略维度

策略维度的 Review 是系统地总结结果达成过程中的成功经验和失败教训。要知道，达成每一个结果的方法未必全部相同，所以，管理者要深入了解团队成员达成结果所运用的方式方法。如果有好的结果又有好的方法，管理者可以马上在同级管理者中分享经验，并全面推广；如果有好的结果但是没有好的方法，管理者一定要警醒和反思，因为好运气不可能永远伴随；如果有好的方法却没有好的结果，管理者务必要重新审视整个过程，因为其中一定存在着某些问题，要么报喜未报忧，要么是过于粗枝大叶了；如果既没有好的方法也没有好的结果，管理者就要先了解团队的状态，然后共同探寻改进方案和资源支持，必要时还需要签署绩效改进书。如果两个季度持续如此，管理者就要调整员工的岗位或是做出辞退的决定了。

策略维度的重点是定标准，管理者要根据团队的实际情况制定出这次任务的标准，然后与团队成员达成共识，最后按照这个标准判断方式和结果的优劣。

团队维度

结果维度和策略维度的 Review 是从项目或事情的角度来做的，团队维度的 Review 则是从团队或人的角度来做的。管理者需要谨记，你对什么重视，就需要对此投入时间和资源，团队永远是管理者业务的最大保障，所以最需要花时间来沟通。

团队维度的 Review 核心在于赋能。而在赋能之前，先要找到问题所在。只有找准地方，才能一针见血地指出问题，让员工深度自我反思，更加清晰地认识自己，发现自己的不足，进而找到行动的力量。

在阿里巴巴，在大家达成共识的基础上，公司会给团队以方法和行动指南，以及让他们心动的理由、修炼的场景、成长的舞台和行动的力量，以达到个人和团队的升级迭代。

除此以外，团队维度的 Review 也是一次最佳的团建。在这个过程中，团队成员不仅能磨合彼此的关系，还能看看大家是否信任身边的伙伴，是否相信自己的团队，是否相信这件事能做成。

以上三个维度就是做好 Review 最核心的三个维度，那么接下来，我们来看一看 Review 机制的具体落地过程是怎样的。

Review 机制的落地方法

在 Review 过程中，所有提问都是在培养管理者对于人的重视，因此 Review 过程是固化员工价值观、管理语言和行为的最好时机，既要做到循循善诱、加油鼓励，也要做到当头棒喝、丑话当先。

Review 的周期一般是三个月一次，但是由于各自的业务周期不同，不同部门 Review 的周期也不一样。比如，业务周期短、迭代快速的部门则一个月一次；支持协助型部门可以半年一次。进行 Review 时，业务管理者和 HR 应该共同参与面谈，一般来说，Review 可以分为三步。

第一步：倾听

首先，Review 对象要进行自我阐述，这时候管理者要以对方为主，做到三分提问、七分倾听，要抱着支持对方、鼓励对方、协助对方的心态来倾听，不要一上来就挑刺；其次管理者要引导对方多说，说得越多，暴露的问题也就越多，改进的空间也越多。

第二步：排毒

我之所以把这一步叫作排毒，是因为这一步中，管理者要对大家共同发现的问题进行深入剖析，找出背后的真实原因。在“排毒”的过程中一定会有痛苦，但是只要 Review 对象能够克服，就一定会有收获。管理者在为 Review 对象做“排毒”时也要做充分的准备，务必要让对方有所收获。

第三步：给反馈

给 Review 对象一个真实的反馈，管理者既要敢于棒喝，又要乐于赞美；还要做到立场坚定、丑话当先，给 Review 对象的信息要明确，要让对方知道自己哪里需要改进，以及应该怎样做。

给反馈的过程也是“给药”的过程，“药”分为“猛药”和

“慢药”，有的员工必须要下“猛药”，只有这样才能帮助他成长；有的员工则需要“下慢药”，只有多鼓励、多赞美才能激发他的动力。另外，不同的时机也要下不同的“药”，管理者在“给药”时必须做到心中有数，分清“给药”的对象，把握“给药”的时机，这是 Review 实施过程中最重要的一个环节。

Review 机制对管理者的作用和意义

Review 机制不仅是管理者提升团队效率、获得结果的有效管理工具，对于管理者自身来说，Review 也是一个反思自己、帮助团队成长的重要手段。对管理者来说，Review 机制有以下三个重要作用：

照镜子

每一个员工 Review 的过程都是管理者照镜子的过程，无论员工反馈公司内训的问题，还是公司流程及制度等相关问题，都是管理者需要审视和反思的，因为团队一切的问题都是管理者的问题。以自己为镜，以别人为镜，才能实现自我完善。

闻味道

每一个员工在 Review 的过程中都会全面地展现自己，此时管理者要能够感受员工身上的文化属性与价值观是否与公司匹配，要能闻出不一样的味道。管理者始终要记住，只有志同道合的人在一起，才能走得更远。

揪头发

Review 的核心是帮助员工成长，“揪头发”往上提，帮助员工上一个台阶思考问题，锻炼员工的“眼界”，培养向上思考、全面思考和系统思考的能力。把每一个员工往上提，就是把整个团队往上提。

以上就是关于 Review 的全部重点内容，最后，我为大家总结了 Review 的三个重要原则。

> 一是以对方为主，三分提问，七分倾听，支持协助为初心；
>
> 二是进门有准备，出门有力量，过程有苦痛，每次有期待；
>
> 三是敢于棒喝，乐于赞美，丑话当先，立场坚定，信息明确。

希望这三个原则能对广大管理者有所帮助，Review 机制的初衷是帮助员工、为员工赋能，如果管理者能抱着成就员工的心态去做 Review，那么团队一定可以获得不错的成绩。

第 10 章
超越绩效管理，重新认识 OKR

有人说，OKR 模式下的绩效管理有三重境界，每一个不同的境界，都代表着对 OKR 的不同理解和不同态度。那么，在全面而系统地学习了 OKR 的相关专业知识后，你对 OKR 绩效管理模式的认识又到达了第几重境界呢？

OKR 和使命、愿景、战略有什么关系

在前文中，我们已经了解了实施 OKR 前的准备工作，如何制定有效的 OKR，OKR 在企业的使用场景，企业各岗位的 OKR 模板，以及 OKR 模式下的绩效评价和绩效改进，至此，我们便对 OKR 的相关知识有了一个全面而详细的了解。那么，到了这个阶段后，我们不妨再回头重新思考一个问题：OKR 和公司的使命、愿景和战略有怎样的关系呢？

通过学习前文，相信大家一定都知道了 OKR 最大的优势在于强调短周期执行。一分为二地来看，这个优势其实容易带来一定的隐患，比如，在短期内能够看到的成果是否就代表公司当前的现状？如果是好的评价结果，那么这种状态是否能够持续？如果在下一次评价时出现了不好的情况，那么这样是否会打击员工的自信心？这些问题都会给 OKR 制度的执行带来一定的困扰。

如何才能扬长避短，避免这些隐患呢？换言之，我们该如何保证 OKR 的每一个实施周期不与企业的战略目标脱节呢？答案其实很简单，那就是一定不要在真空中去创建 OKR，而应该将 OKR 放到企业的战略框架中去思考。从这个角度来说，OKR 既不是战略，也不是使命和愿景，但它必须在公司的使命、愿景和战略框架中去设定，与公司的成长目标、计划、战略以及员工实际情况相融合，否则，OKR 即便设定得再好，也不会对企业起到积极的作用（见图 10–1）。

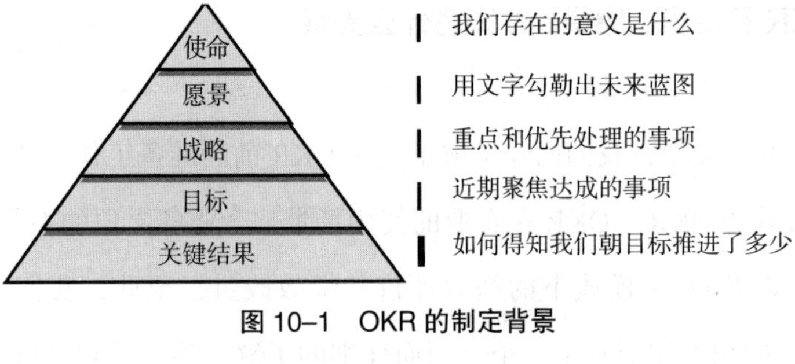

图 10–1　OKR 的制定背景

本节，我将为大家介绍 OKR 制定的几大背景，分析它们的重要性，并为大家提供一些有用工具，以帮助大家去评估企业当前的使命、愿景、战略是否科学合理。

使命

网络上有一句流行语说："生活不止眼前的苟且，还有诗和远方。"我很喜欢这句话，在我看来，这里的"诗和远方"，其实指代的就是努力去追求一份伟大的事业，做一些有意义的事。而企业的使命所反映出的，恰恰就是企业中所有员工共同的"诗和远方"。

使命是什么？

究竟什么使命呢？简单来说，所谓的使命，其实就是指一个企业的核心意图，即企业存在的理由，它能够反映出员工加入该企业的动机，也代表着企业及其员工对未来的美好憧憬和美好追求。

我们都知道，对于一个企业而言，愿景和战略是有具体的达成时限的，但这一点显然并不适用于使命。从本质上来说，使命是永不可达的，如果把企业比喻成一艘远航的大船的话，那么使命便是照亮大船航行的灯塔，它始终在大船的前方，大船可以无限地接近它，但就是无法触碰它、赶上它。

除了起到照明和领航的作用外，使命还是企业远航的指南针，始终为企业的航行指引着方向，一旦企业这艘大船发生偏航或者迷路，它都能把企业导航到安全的地方。从这个角度来说，一个强而有力的使命是企业及时应对不确定性的良好向导。

为什么要花时间去创建一个使命

在这里，我之所以强调要花时间去创建一个使命，是因为我始终坚信使命对 OKR 项目的实施至关重要。

在本文的开头，我就已经强调过，OKR 不能在真空中建立，而应该放到企业的战略框架中去思考。也就是说，如果我们希望我们设定的 OKR 能够真正发挥作用，我们就必须为它设定一定的情境。

一个有效而持久的使命应具备怎样的特质

归纳起来，一个有效而持久的使命应该具备以下几大特质。

简单明了

德鲁克曾经告诉我们，组织所犯的最大的错误之一，就是把使命当成了“好心的大杂烩”。这句话就犹如一把利剑，简洁而丰满，一针见血地指出了如今许多公司在创建使命时所存在的问题。

可以肯定的是，这世上从来不存在让所有人都满意的事情，换言之，这世上的任何一件事，都无法满足所有人的要求。这个道理在使命的创建上同样适用，这世上永远不存在一个无所不包且能够让大家保持专注的使命。从这个角度来说，使命必须简单明了，能够体现你所要专注的那个领域。

激发改变的欲望

虽然你的使命不会变化，但它应当在组织里激发起大家的巨大改变。当公司的员工被赋予了使命感时，这种内在变化将持续不断地推动组织前进，激发组织产生积极的变化，并从员工内在的变化辐射到整个公司。例如，华为的使命是将目光投向客户所关注的挑战和压力，并提供有竞争力的通信解决方案和服务，持续为客户创造最大价值。这种为客户服务的使命和公司文化将会激发员工产生改变的欲望，这些欲望不仅包括改变自己的欲望，还包括希望自己的工作环境有所改变的欲望。

长期性

组织当中的使命具有长期性的特点，创建的目标应当是至少持续 100 年以上的使命。虽然组织的战略会面临调整和改变的情况，但使命应该作为组织基石不变，并让使命成为组织未来所有决策的基石。

易于理解和沟通

使命陈述要让人们容易理解，以清晰、明确的表述方式来提升使命的感染力度，所以在创建使命时内容要短小精悍，因为短小的语言最有力度。令人信服且有力的使命最能够触动员工的内心，鼓舞他们为企业目标而奋斗。

接下来，我将为大家提供一个简单的使命陈述模板，希望能够帮助到大家（见图 10–2）。

我们存在的价值是：

主要客户是：

能提供的核心服务是：

标志我们成功与否的长远输出是：

图 10–2　简单的使命陈述模板

使命自检如何做

当然，我们前面讨论的情况都是针对那些还没有创建使命的企业而言的。在现实生活中，许多企业还会存在这样一种情况，那就是企业本身是创建了使命的，不过这些使命只是被张贴在某面墙上，并没有被员工认可和理解。那么，这就意味着，这些企业可能需要重新审视一下自己的使命了。

具体来说，这些企业可以把自己的使命放到 OKR 框架中去检查它是否具备了我们上文中列举的一个有效而持久的使命应该具备的 4 个特质，以此来检验自己的使命是否具有有效性。此外，这些企业也可以通过回答图 10–3 中列举的问题，来帮助自己自检现有使命的有效性。

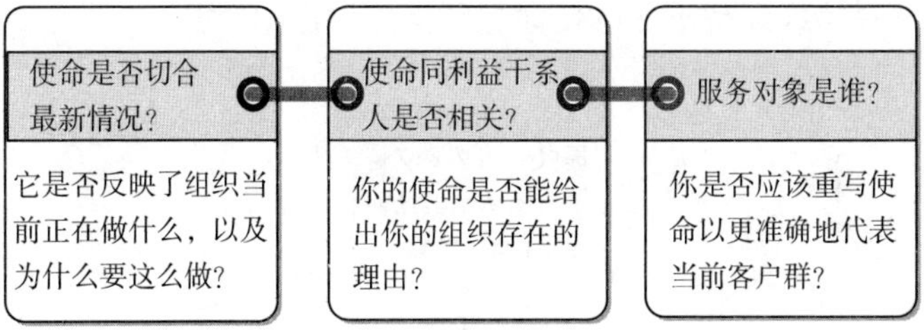

图 10–3　使命自检“三问”

包含使命的 OKR，即 MOKR

如果在引入 OKR 之前，你的企业没有创建正式的使命、愿景及战略，也不愿意花时间和精力去创建，那么在这种情况下，你就可以考虑尝试一下使命的简化版本——MOKR(Mission Objectives and Key Results)，这种使命的简化版本，实际就是指包含使命的 OKR。

从具体的操作层面来讲，所谓的 MOKR，就是简单地先在企业创建一个使命，然后企业的所有部门、所有团队和所有员工都在这个使命的指导下去开发他们自己的 OKR。这样做的好处是可以确保短期工作与公司长期目标保持一致。

为了让大家更好地理解这一点，下面，我们就用图 10–4 来列举一个某市场团队的 MOKR 案例。

从图 10–4 中可以看出，在这个案例中，在第一季度，市场部聚焦的两个目标都能够对整体使命起到重要而有效的支撑，虽然这些目标在未来可能会发生变化，但是变化后的目标也一定要保证能够对始终保持不变的使命起到支撑的作用。

市场使命

提供一切必要支持，让销售团队销售任何它们想销售的产品。

目标

- 以合理成本提供优质潜在客户。

关键结果

- 获取市场投资回报率的基本数据（2017年5次总投入在5 000美元及以上的会议的收入/成本比值）。
- 在一季度将发现一名潜在客户的平均成本控制在65美元以下。
- 10%的潜在客户在创建后4周内转化成有效的付费客户。

目标

- 提供工具和培训并支持销售启动会。

关键结果

- 以当前定价和三大优势更新20个竞争力分析报告。
- 80%的销售团队通过新产品销售基础销售流程认证。
- 销售培训满意度平均分值达到4.5分。

图 10–4　某市场团队的 MOKR

总之，使命是指导短期目标的，所以目标可以根据具体情况进行改变，但是使命是始终不变的，变化后的目标也要能够支撑使命。

愿景

我们在前文已经介绍了一个强而有力的使命的重要性。如果对于企业而言，使命决定的是企业的核心意图的话，那么，在这个核心意图制定后，接下来，我们就需要一个工具去指导我们达成这个核心意图，这个工具，便是愿景。

接下来，我们就一起来聊一聊愿景。

什么是愿景陈述

简单来说，所谓的愿景陈述，就是在企业使命创建完成后，用于描述和定义企业未来将往何处去的工具，换言之，就是企业在未来的 5 年、10 年甚至 20 年后会是什么样子。它是从永恒不变的企业使命向更加激烈动荡的企业战略的过渡。

一般来说，愿景陈述主要具有两大特征：一是，它应该是具体的，能勾勒出期望的状态，能够为战略和 OKR 的具像化提供基础；二是，它与使命是相伴而生的，愿景是对使命发展方向的具体描述，让使命当中的内容落地，离开了使命的愿景只是一厢情愿。

归纳起来，一个典型的愿景陈述应该包含以下元素，如图 10–5 所示。

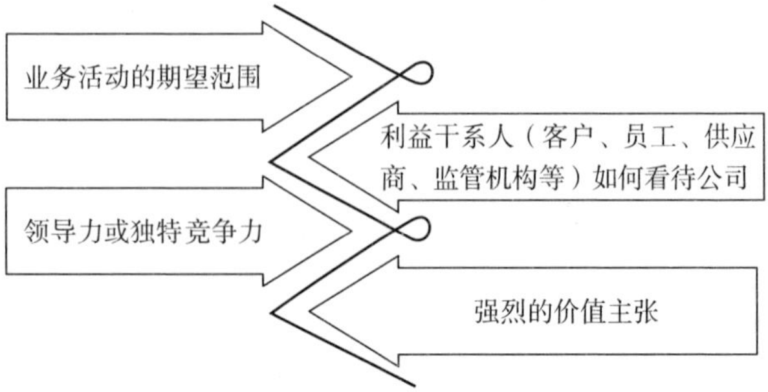

图 10–5　愿景陈述的典型元素

有效的愿景陈述应具备怎样的特质

通常，一个有效的愿景陈述应具备如下特征。

量化且有时间约束

一个组织的使命描述了它的核心意图。它对使命的陈述内容通常是鼓舞人心的话语，但不对其进行数值形式和时间形式的设定。和使命不同的是，愿景描述必须包括数值和时间这两方面的内容，以确保有效可行。

愿景是对未来的具体体现，它必须为公司指明具体的问题。因为每个公司的内在环境有所不同，所以愿景的描述方式也不相同。比如，有的公司是通过收入、利润等指标对愿景进行定量规划，有的公司则是从服务的客户数量等方面对愿景进行描述，但无论如何描述，愿景都必须连带着数据，唯有此，才能够支撑企业在制定 OKR 时和愿景对齐。

简洁

愿景也需要具有简洁的特质，短小精悍的话语更能将愿景的内容表现出来。愿景内容越简洁，能够带给人们的吸引力越大，比如 2008 年可口可乐 CEO 穆泰康建立的愿景就是一个关于成功的共享图像——在 10 年内实现业务量翻番，他对愿景的描述简洁而有力，其中还对业务进行了量化并设置了限定时间。

同使命保持一致

愿景是由使命展开的，使命是愿景的核心内容。如果在使命当中提到创新方面的内容，那么创新就是愿景的核心价值观，在愿景的表述当中也要提到与创新有关的内容，让愿景与使命保持一致。愿景是为可预期的未来描绘一幅蓝图，它将促成使命的达成，所以一定要确保二者的一致性。

可验证

愿景当中包含时间的设定，所以愿景具有可验证的特点。比如上述穆泰康提出的 10 年内业务翻番的愿景就非常形象，在 10 年这个期限届满之后，企业就能够通过业务相关数据对这个愿景进行验证。

可行性

愿景是可以实现的梦想，所以它要具有一定的可行性，你应该在现实的基础上规划愿景，而不是想当然地进行不切实际的表述。在设计愿景之前管理者要对业务、市场等进行分析，同时，还要通过趋势分析的方法来了解公司所处的位置，这样能够让愿景的内容更贴合实际。

鼓舞人心

通过愿景对公司员工进行激励，鼓舞员工为自己设置的目标而奋斗。愿景在指导企业发展的过程中还要发挥鼓舞人心的功能，让其更有意义。

战略

什么是战略呢？用一句话简单概括就是：企业成功开创新市场空间或维持激烈竞争的现有市场空间的周密规划，它的作用是为 OKR 的创建提供背景输入，因此相比于使命和愿景，战略更为重要。

毋庸置疑，所有的 OKR 都应该源于战略，因此在实施 OKR 之前，企业一定要制定一个合适的战略。需要强调的是，目前，当制定战略时，许多企业员工都会有一个错误的认知，即认为制定战略是企业高层的事情，与自己无关。事实上，作为企业的一员，每个员工都应该熟悉并关注企业的战略。唯有如此，在创建了一组强大的 OKR 后，企业才能够保持聚焦，懂得取舍，而不至于飘浮不定、走向混乱。

那么，战略是如何制定的呢？有了战略后，我们又该如何去衡量它是否有效呢？可以肯定的是，尽管规划战略有许多种不同的方式，但这些方式一定都是具有共性的。接下来，我们就一起来聊一聊战略规划的这些共性。

战略的“基础 4 问”

不管用什么方法进行战略规划，在这之前，我们都应该问自己 4 个基本问题，如图 10–6 所示。

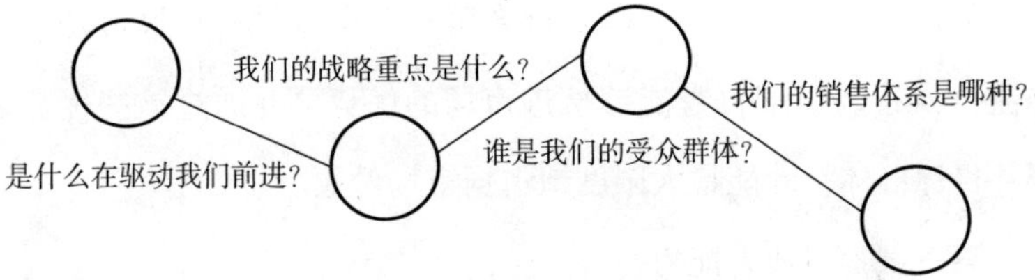

图 10–6　战略规划“基础 4 问”

是什么在驱动我们前进?

不可否认，所有的企业几乎都是被一股神秘的力量驱动着向前发展的，这股神秘的力量，其实就来源于企业多年来在员工身上的财力分配以及相关技术应用上的决策倾向。驱动力关系着公司发展的前景，影响着公司发展的速度与目标，是公司发展的基础。因此，在进行战略规划时，企业首先要问自己的问题就是：究竟是什么在驱动着我们前进？

归纳起来，目前大部分企业几乎都是被以下 6 种力量所驱动。

第一：产品以及服务

一个产品要专注于用一个特征来打动客户群。比如，可口可乐吸引客户的关键在于其能够提供非酒精饮料；OPPO 品牌手机是从拍照和充电性能等方面打动客户群的。因此，产品和服务是企业发展的一大驱动力。

第二：客户以及市场

将战略聚焦于客户和市场，能够更加精准地提升品牌的知名度。比如强生系列产品的核心就是其能够精准把握目标客户和市场，为医生、护士、患者以及母亲服务。企业只有把握市场当中的流行元素，了解自身能够挤进市场的优势，并通过这些优势来服务目标群体，才能最大限度地占据市场份额。

第三：容量或者能力

打个比方，酒店关注的是客流量，其目标很简单，就是让客房住满客人。航空运营也是如此，如何让每个航班满员。

第四：技术支撑

能够应用于不同产品中的技术，可以让公司的发展渠道更加广泛，特别是一些公司的专利技术更是在公司发展过程中发挥了重要作用。比如杜邦公司的尼龙专利技术，这项技术让公司为自己的产品找到了多条发展渠道，例如，将尼龙应用到鱼线、丝袜和地毯当中。

第五：销售和分销形式

这里的销售和分销形式关注的是“如何做”，而非“是什么”和“谁来做”。销售渠道是通过宣传等方式将产品推广出去，直播购物就是一个很好的例子，它是销售的渠道之一，能够给人一种紧张感，而且推销的产品丰富多样。这样独特的销售和分销形式逐渐成为目前企业发展的强大驱动力。

第六：原始材料的发掘

原始材料能够发展成各种东西。例如，在石油公司当中，公司销售的任何东西都源自其从地下挖掘出的“黑金”，同时，公司还会将石油制成不同种类的产品，这些产品的本质仍然是石油这个原始材料。由此，我们发现原始材料的发掘成了公司发展的关键一环。

我们的战略重点是什么？

公司可以从上述的 6 个方面来选择能够驱动公司发展的内容，让公司找到自己的优势方面，并根据自身的优势进行抉择，制定出发展战略。比如未来公司将在哪些产品和服务上倾注更多精力或在哪些产品上投入更少精力。

举一个反面的典型——乐视，该公司的业务涉及电视、手机、音乐、影业、体育、汽车等，几乎什么都做。所以乐视公司在战略方面的问题就是规划得太过宏大，没有特别突出的内容，齐头并进往往并不专业。而且乐视在跨界创新方面做得太盲目，业务覆盖也太广，在“生态梦”的道路上“蒙眼狂奔”，其战略资源和组织能力不够匹配这样大的生态系统，由此出现各种漏洞，最终贾跃亭出局，乐视网也随之崩溃。

谁是我们的受众群体？

在对产品和服务的受众群体进行定位时，企业需要做出相应的选择：重点的客户群体在哪个地区？哪些地方不在你规划的重点区域？做这个选择之前，企业需要对自己产品的受众群体有足够清晰的定位，这些可以通过一定的数据来实现。比如客户净推荐值、每个客户群的利润情况、保留率、市场占有率等。

想要打破客户群体的局限性，企业需要站在客户的角度来思考问题，只待在办公室是无法了解和接触到客户的。我们以雅诗兰黛这个高端化妆品公司为例，它的旗下有 30 个品牌，包括 MAC 和倩碧这两个标志性品牌。雅诗兰黛曾经就遇到过上述问题，经过权衡之后，它做出了战略取舍。因为品牌对美国百货公司的依赖性太高，雅诗兰黛 CE0 法布里齐奥 · 弗雷达命令公司把“降低品牌对美国百货公司的依赖性”作为最高优先级的事务来处理，通过战略取舍之后，公司的战略方向转向了持续增长的亚洲新兴市场。

我们的销售体系是哪种？

在基础四问中，这个问题最为重要，因为企业的价值主张是由销售体系决定的。换一种说法，就是企业如何为客户创造价值；更直白来讲，就是客户为什么到我的公司买东西。这个问题很重要，答案便是低成本的产品或服务，或者差异化的产品或服务。采取低成本的产品或服务的企业，比较注重标准化的人力、流程以及资产，它们会实行最大限度的批量化生产，从而为客户提供较低成本的产品或服务。例如零售业的沃尔玛，或者快餐业的麦当劳。采取差异化的产品或服务的企业有两种发展途径，第一种途径是通过培养企业客户的黏性，从而让客户能够变成企业的忠实用户；第二种途径是为产品添加与众不同的功能或者最新技术，比如苹果公司，它们采取的便是销售顶尖产品的发展战略。

综上所述，在以上 4 个问题中，第四个问题需要企业在组织内部达成一致。因为它代表了企业对前面几个问题的回答的总和，同时对企业未来的决策以及投资方向都会产生深远的影响。

战略的“4 个镜像”

说完了战略的“基础 4 问”，接下来，我们再来聊一聊战略规划的“4 个镜像”。需要注意的是，战略基础 4 问中的每一种问题和镜像的组合都是非常合适的，因为每种组合都会给你不同的启发。

下面是对每个镜像的归纳。

财务镜像

财务镜像是最基础，同时也是最重要的一个，当企业回答那

4个基本问题时，企业做出的每个决定都需要相应的资源分配，这就需要一定的财力做支撑。例如，培训员工掌握某一技能短板（人力镜像）、投资新技术（技术镜像），或者举办宣传活动是否能支持企业选择的方向（社会和文化镜像）。同时，企业做每个决定时还必须考虑潜在的收入和利润，可以这样说，财务镜像是每个决定背后的真正推手。

社会和文化镜像

在对战略问题进行讨论时，企业可以设想可能出现的答案，从中筛选出最能和自身产生共鸣的那个答案。举个例子，在一家专利技术驱动型公司里，最让员工引以为豪的是公司的技术传统优势，如果企业要将发展的重点转移到客户和市场上，管理者只从社会和文化镜像的角度来判断，就能发现这一决定是十分不明智的。

人力镜像

当对战略问题进行讨论时，企业需要对团队成员的技能以及人才现状进行深入了解。举个例子，如果团队中有三个狂热的冲浪爱好者，那么团队成员产生销售冲浪板的想法是成立的。但如果团队中没有人去过海边的话，那么想要销售冲浪板就会很难实现。如果想要继续进行销售计划，团队就需要对现有人员进行培训或者招聘新的人才来弥补短板。

技术镜像

技术是各行各业迅速发展的关键。在回答基本 4 问时，你需要认真思考三个问题。你是否会考虑投资新技术？企业现有的技术如何？企业现有的技术在未来会不会被淘汰？

这个时候，你还需要考虑 4 个镜像之间的相互影响，新的技术需要新的技术人才。技术是企业能引入的最重要的事情之一，对经验丰富的员工更是如此，这就需要企业好好把握社会和文化这个镜像。

以上为大家介绍了制定 OKR 的相关背景，并分析了它们的重要性，以及具体的创建方法和衡量标准。总之，OKR 的制定和实施一定不能是孤立存在于真空中的，而必须放到这些背景中去考虑。只有这样，最终制定出来的 OKR 才会更科学、更合理。

OKR 的三重境界

在武侠小说中，我们常常会看到主人公经过十年苦练，打通任督二脉，一朝顿悟的情节。事实上，OKR 的实施就和练武一样，在这个过程中，如果你用心思考、认真领悟，那么，在经过几个周期的 OKR 实操后，你也会产生类似的顿悟。

在我看来，大家对 OKR 的认知，往往会经历以下三重境界。

第一重境界：看山是山，认为 OKR 就是一种好用的工具。

第二重境界：看山不是山，能够看透 OKR 背后的逻辑和道理，领悟到 OKR 的真正核心。

第三重境界：看山还是山，发现自己要做的事情就是 OKR 规定的那些事情，并非是为了实施 OKR 而做正在做的事情。

第一重境界：看山是山

处于“看山是山”第一重境界的 OKR 绩效管理者，一般都具有一个共性，那就是在他们眼中，OKR 只是一种帮助他们改善绩效管理的工具。换言之，他们并不是自发地运用 OKR，或者认为 OKR 真的适用于自己，而只是为了达到某种改善绩效管理的目的，尝试着使用 OKR。

在这一阶段，绩效管理者无外乎会关注以下几大问题：

OKR 绩效管理模式和传统的绩效管理模式有什么不同？

如何设计考核指标？

如何设计考核周期？

如何设计考核关系？

如何让考核结果更加合理？

如何应用考核结果？

如何利用 OKR 的优势更好地解决目前企业绩效管理所遇到的问题？

总之，在这一阶段，绩效管理者能够看到的只有关于 OKR 的种种会议和种种规则，此时，他们对于 OKR 背后的运行逻辑、最终目的以及 OKR 有可能会给企业带来的变化都没有太多的了解，对于他们而言，OKR 就是一种全新的绩效管理模式，要想熟悉并适应这种绩效管理模式，他们可能还有很长一段路要走。

但是这一切，对于他们实施 OKR 并没有影响，因为在引入 OKR 的过程中，他们只需要照着做就可以了。

事实上，对于处在"看山是山"阶段的绩效管理者来说成长的过程本身也是一个学习 OKR 管理工具方法如何运用的过程。当他们在漫长的摸索过程中最终把 OKR 的使用方法基本都打通之后，一个崭新的绩效管理世界就会为他们打开一扇大门。

可以说，处于"看山是山"阶段的绩效管理者，始于 OKR 的使用方法，终于 OKR 与企业绩效管理的融汇贯通。而在这个过程中，管理者所面临的最大问题其实在于弄清楚为什么 OKR 的绩效管理模式能够对自己的企业产生作用。只有在他们找到了这个问题的答案后，他们才能算作是真正打开了通往"看山不是山"的第二重境界的大门。

第二重境界：看山不是山

在到了"看山不是山"的第二重境界后，这就意味着 OKR 绩效管理团队已经领悟到了 OKR 真正的核心——目标驱动的管理。

那么在这一阶段，OKR 的那些既定规则就已经不重要了，因为这个时候，目标本身就已经存在于每个团队成员的内心了，按不按照 OKR 的实施规则去执行都已经不重要了。换言之，在这一阶段，OKR 绩效管理团队已经可以完美地驾驭 OKR 这一绩效管理工具了。

在这一阶段，OKR 绩效管理团队关心的问题也相应地发生了变化，此时，相比于第一阶段他们关心的一些基础的 OKR 知识，他们更关心的问题已经变为了以下几点（见图 10–7）。

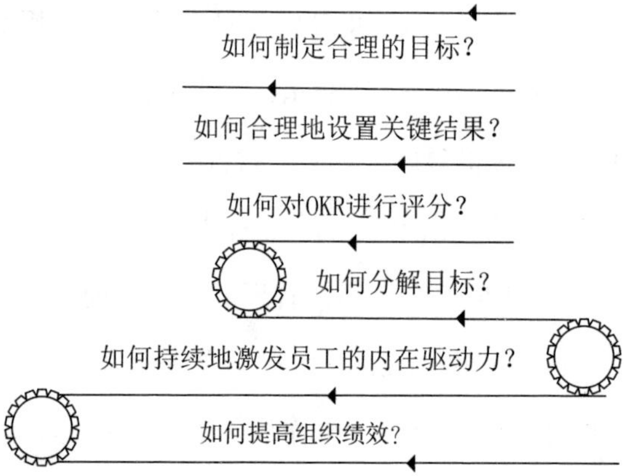

图 10–7　处于第二重境界的绩效管理者所关注的 OKR 相关问题

第三重境界：看山还是山

诗圣杜甫有一首脍炙人口的名篇——《春夜喜雨》，相信大家都读过。

好雨知时节，当春乃发生。
随风潜入夜，润物细无声。
野径云俱黑，江船火独明。
晓看红湿处，花重锦官城。

这首诗恰到好处地形容了 OKR 绩效管理的第三重境界，也是最高境界——看山还是山。我们都知道，内在动机显现了巨大的能量，但另一方面，它又非常容易受到外在激励的影响。所以，好的绩效管理方式应该恰如一场好雨，知道在什么时候应该起到什么作用，并且能够做到“随风潜入夜，润物细无声”。在 OKR 的绩效管理进入了代表着最高阶的第三重境界后，它就应该起到这样的作用。

为什么我们会把 OKR 绩效管理的第三重境界称为“看山还是山”呢？这是因为，在绩效管理者达到了 OKR 绩效管理的第三重境界后，他和他的团队往往都会靠着目标驱动自发地去工作。这时候，他们往往会发现，自己要做的工作其实就是 OKR 规定的那些事。换言之，在这一阶段，他们已经不是依靠 OKR 的制度规定去依葫芦画瓢地实施 OKR，而是因为心中有了目标的驱动，自然而然地去从事 OKR 所规定的那些事情。在绩效管理者的心中有了“目标驱动”后，他们其实也就没有必要再去“实施”OKR 了，或者说，他们所做的每一件事情其实都是在实施 OKR。

而在这一阶段，他们关注的问题又发生了变化（见图 10–8）。

以上是 OKR 绩效管理的三重境界，事实上，这三种境界之间不仅是一种彼此提升的关系，也是一种包含关系。如果在现实生活中，你也是一位 OKR 绩效管理者，那么你不妨对照这三重境界的特点审视一下你自己，看一看目前自己究竟处于 OKR 绩效管理的哪一个阶段。

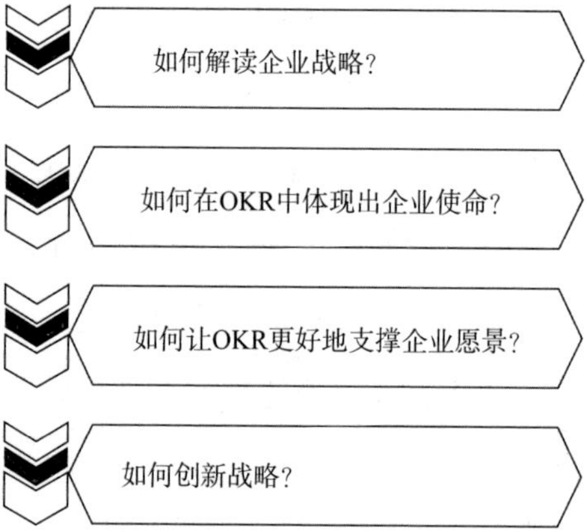

图 10–8　处于第三重境界的绩效管理者所关注的 OKR 相关问题

OKR 导入失败的原因及改进建议

到这里，关于 OKR 的基础知识便全部介绍完毕了。相信通过对这部分内容的学习，大家对于 OKR 这种颠覆了 KPI 的绩效管理模式一定有了更深入的了解和更强烈的兴趣。正所谓“理论要联系实际”，毋庸置疑，一切的理论知识最终都是为实践服务的，我们学习 OKR 相关知识的终极目的，也正是更好地在企业导入 OKR。

不过，或许各位在阅读本书之前就已经尝试了在自己的企业引入 OKR，以及一些在本书的引导下刚开始尝试 OKR 的管理者，或许仍会发出疑问：好不容易下定决心要实施 OKR，为什么最终还是失败了呢？

那么接下来，我就要完成撰写本书的最后一个任务：帮助广大已经开始尝试 OKR 却遇到问题或者陷入谜团的管理者分析企业导入 OKR 失败的原因，并提出相应的改进意见。

企业 OKR 导入失败的原因

事实上，导致 OKR 导入失败的原因有很多，其中，最关键也最普遍的原因是企业并没有掌握 OKR 的精髓，还停留在形式层面。具体来说，停留在形式层面的主要原因有以下 4 个方面（见图 10–9）。

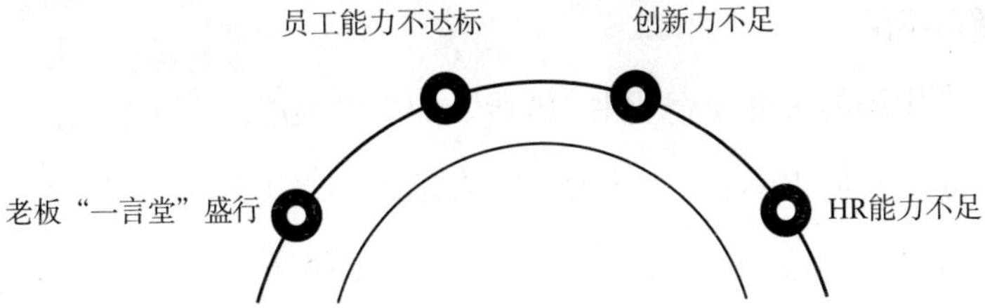

图 10–9　企业 OKR 失败的原因

老板“一言堂”盛行

很多公司的创始人非常自信，他们任何事情都要亲力亲为，即使是做技术出身的创始人也会认为自己做营销是一把好手，这就导致很多企业依然奉行自上而下的管理方式，老板的话就是企业文化，老板“一言堂”的结果就是所有的 OKR 目标都由老板说了算，员工根本没有说话的权利，何谈产品创新和业务创新。

员工能力不达标

很多企业在推行 OKR 之后，HR 有种推不动的感觉，当然一方面的原因是如果一项绩效管理办法只有 HR 在推动，那么对他们来说这件事的难度非常大，特别是在有些公司 HR 并没有相应的实权。另一方面，在部分公司特别是传统公司中员工的工作能力本来就很弱，他们只能负责一些常规工作，填个表、收集下信息，管理者让这样的员工订立一个有挑战性的目标，然后再放大 10 倍作为他们的 OKR，根本无法实现。

创新力不足

在中国的大部分企业中“抄袭”的氛围很浓，行业老大出一个新产品，我们也要有，只要便宜，品质上稍微差点也全力推广。不少企业生产完全靠组装，它们买了核心零部件之后回来集成为产品。当然这也有客观原因，很多核心零部件需要花几十亿元、几百亿元来研发，一般的中国民营企业很难有如此雄厚的资本。OKR 需要创新，需要技术的支撑，显然这些条件不是一般的企业可以满足的。

HR 能力不足

很多公司的 HR 只会发布招聘信息、安排面试、办理入职离职手续和办理社保，真正能承担起管理员工绩效、激励员工职责的 HR 少之又少。很多老板给 HR 的定义就是一个业务支持岗位，也没想着花很多钱去请一个能力强的 HR。这就导致很多企业的 HR 不具备推动 OKR 落地的能力，自己部门的目标都制定不出来，怎么推动公司的 OKR 落地？

所以，要推动 OKR，企业必须解决以上的这些问题，否则一切都是白搭。

为什么大企业导入 OKR 比初创小企业更难？

我总结过去的工作经验，并通过观察众多企业在引入 OKR 后的实际执行情况，发现在实际的 OKR 导入过程中，企业还会存在一种现象，即相对于初创企业或小公司而言，大公司导入 OKR 似乎更加困难。

这种现象又是怎样造成的呢？这是因为初创企业人员少，没有完善的绩效管理，正所谓一张白纸怎么画全看你。导入 OKR 之后，他们更能将焦点放在核心战略上，并最终形成合力。

再反观那些机构庞大、人员复杂的大公司，它们虽然也是有目标的，但是它们的产品线和组织复杂程度往往超出我们的想象，因此，人浮于事的现状和根深蒂固的绩效体系很难通过 OKR

的导入马上得到解决。毕竟，大公司要动员大家做任何事情都是不容易的，正所谓一千个人有一千种想法，本来统一就是一件非常难的事情，更何况 OKR 还强调要每一个员工都理解推动企业的目标。

初创公司或者小公司如何更好地导入 OKR？

在前文中，我们已经强调过，相比大公司，初创公司或小公司导入 OKR 会相对更简单一些。那么接下来，我将为初创公司或小公司的 OKR 导入提供一些使用经验，希望能够帮助这些公司更好、更顺利地导入 OKR。

首先，初创公司在导入 OKR 的时候，一定要确认 OKR 在整个公司中扮演的角色，不能仅仅靠从谷歌和领英那里照搬经验，一定要注意本公司的特殊性和一切不容忽视的细节。

其次，尽管初创公司每天都很忙，有太多的事情要做，但是也一定要多花时间和精力去鼓励员工做 OKR，并且要求主管一对一交谈，努力将导入 OKR 潜在的障碍扼杀在摇篮里，让信息和内容可视化、公开化。

最后，一定要要求员工提升技能，特别是那些需要学习或者目前掌握得不是很好的领域。比如，一个销售的 OKR 的目标之中并不是只有销售业绩目标，还要有未来的职业规划。

那么，如何判断初创公司或者小公司的 OKR 导入是否成功呢？方法其实很简单，当你在茶水间听到员工聊天时都在进行 OKR 的正面沟通时，就意味着你的 OKR 导入已经非常成功了。

总之，只有员工心往一处使、劲往一处拧，每个人都在为公司的宏观目标管理出力，OKR 的效力才能发挥到最大。

大公司如何更好地导入 OKR？

在给出了初创公司和小公司导入 OKR 的指导意见后，接下来，我们再来聊一聊大公司如何才能更好地导入 OKR。

在前面我们已经强调过，相对而言，大公司导入 OKR 会更困难一些，所以，为了更好地指导大公司顺利地导入 OKR，我们首先要解决的一个问题就是弄清楚大公司在导入 OKR 方面可能会遇到的障碍和困难。

大公司引入 OKR 时面临的困境

一般来说，大公司引入 OKR 一般会面临以下几大困境，如图 10–10 所示。

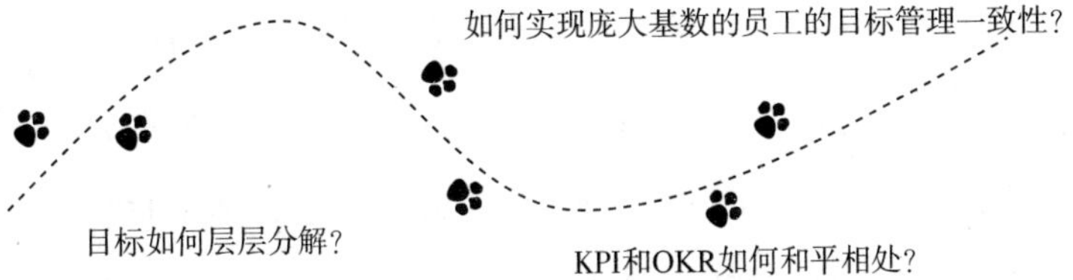

图 10–10　大公司引入 OKR 时所面临的困境

目标如何层层分解？

企业要推动 OKR，首先就要让公司全员都知道公司下一步的目标，同时也要让所有人都能够理解这个目标的意义。

从企业的角度来说，每个员工的 OKR 当然最好都能与企业的 OKR 看齐，从而达成“上下同欲”的境界。然而，在一个庞大的集团公司中，子公司的企业目标来自集团的目标，本身拆解就有一定的难度。比如，业务部门只是将目标的数据进行简单的拆解，但是并没有深入分析这个月公司主打什么产品，准备做什么活动让业绩达标。支持部门难度更大，比如财务、HR、行政等部门，无论企业目标怎么改变，他们在相当长的一段时间里 OKR 目标都可能是相同的，这样对目标的促进作用非常有限。

如何实现庞大基数员工的目标管理一致性？

前面我们也提到，OKR 目标的建立是从下到上的，一线员工制定目标，最后层层向上，制定的过程中企业不会干预，同时还要鼓励员工参与，就像号召大家开始跑步一样，本身就是一件非常费力的事情。

制定目标还不是最麻烦的，最麻烦的是提出行动计划和解决方案。在大公司要达到 KR 的统一，不是开几次会就能解决的问题。有些大公司一个 CEO 的下面有十几个副总，抽出时间来梳理和辅导下属制定目标几乎是不可能的，哪怕是辅导两三个下属，都已经是非常艰巨的任务了。最后他们又走回了将任务分解下发的老路，背离了 OKR 的初衷。

KPI 和 OKR 如何和平相处？

大企业实施 OKR 的初衷往往是美好的，突破企业现在的天花板、提升业绩、抢占市场成为龙头，实施起来却困难重重。是让 OKR 取代 KPI，还是 OKR 和 KPI 并行，这些都是员工关心的问题。一方面，管理者觉得现有的绩效管理会成为 OKR 执行的障碍，担心 KPI 限制了员工挑战更高目标的决心。另一方面，管理者担心没有 KPI 只用 OKR，会不会等于没有绩效，员工不再为公司的目标奋斗。

一般的大公司都会有这种矛盾心理，因为 OKR 的推动不是靠个人，而是靠整个高层管理人员共同的努力。这其中包括 CEO、HR、运营、战略等诸多部门的负责人，个人有个人的想法，而这些往往是互相矛盾的。一人说了算的创业型公司这点反而更好，他们只要理清思路就可以导入 OKR。

大公司如何更好地导入 OKR？

以上我们列举了目前大公司引入 OKR 时通常会面临的一些困境，那么，如何才能走出这些困境，更好地导入 OKR 呢？以下建议，值得参考。

减少层级

对于大公司来说，要实现目标的穿透，更好地导入 OKR，最简单的方法就是让实施主体的层级和数量尽量变少。

一般大公司都有四到五级，基层的组织也有职能部门和事业部或事业群。职能部门也就是我们常说的人力资源部、产品部、市场部、销售部、财务部等，事业部或事业群往往是以产品线来划分的，比如汽车事业部、农产品事业部等。

除了事业部、事业群之外，很多职能部门也会根据区域来划分，比如，华东事业部会管理华东地区所有市、县的职能部门，华东事业部的销售总监就负责管理包括上海、浙江、江苏、安徽、福建、山东在内的所有地区的销售业绩。这种情况下，影响 OKR 运行的关键因素已经不是目标难以统一这么简单了。

职能部门深度理解企业 OKR 目标制定依据

如果把企业看作一个人，那么各个职能部门要么负责输送养分，要么负责新陈代谢。我们当然希望每个职能部门都能着眼全局，能够看到公司未来的发展，但这显然是不可能的。因为在任何企业中，没有人能够保证每一个职能部门的负责人都有 CEO 的视野和能力。

从大公司的角度来说，如果集团的定位没有被职能部门进行深度的解析，职能部门理解的仅仅是短期的目标，那么职能部门的 OKR 制定逻辑和创业型公司就并无二致。相反，职能部门只有在理解了企业长期的目标后，才能为企业未来的业务增长和长期的市场运营效果提出更有价值的 OKR。

从职能部门的角度来说，拆解公司目标就已经非常困难了。比如一个公司短期的目标是新增一条产品线，切入新兴市场，从行政部的角度来说这是难以拆解的，而为新入职的员工配置电脑、桌椅只是常规工作，根本不能列入 OKR。因此，职能部门的 OKR 目标其实并不需要一定要与企业的短期目标相联系，它通常可以从以下三个角度来考虑。

第一，以客户为出发点

对于大部分企业来说，营收是其当前最关心的事情，短期目标一定集中在业务的覆盖、发展新业务、扩展新客户上。常规部门比如市场部、运营部、售后部要做的只是向这个大方向看齐，将产品推广做好，让投诉降到最低，让客户售后的响应更快、时间更短就好了。只要满足客户的需求，提高客户的黏性，无论是什么目标都是与企业的总目标看齐的。

技术、人事部门，它们可以将对应职能部门的目标分解来作为自己部门的短期目标。比如很多公司的产品部会根据市场部的调研来提出产品研发需求，技术部则负责将产品设计出来，而且要满足产品线批量生产的条件。此时，技术部的目标可以和产品部对齐，将短期的研发项目作为自己的 OKR。

第二，以成本为出发点

这里的成本并不是指一味地降低成本而忽略产品质量，公司越大，对品质的要求越高。但是不断降低成本、让产品的技术性能更加优秀依然是企业最重要的工作。

降低成本并不是技术部、产品部的目标，它是整个公司的目标，因为在算净利润的时候是要除去公司所有开支的，你浪费的一支铅笔都会做到公司的财务报表中。所以，在产品完成验证上市之后，降低成本就被提上了日程，直到产品在竞争中走完生命周期。

第三，以合规为出发点

有一些职能部门，它们并不以客户为导向，也不以降低成本为宗旨，它们就是为了保证公司的产品符合国家的要求。比如，前几年大热的网贷行业，很多网贷平台都有合规部门，主要负责研究合规政策，并推动公司进行改进以完成备案。当然，这里的合规部门不仅只有网贷行业类似的合规部门，还包括数据分析部门、流程管理部门，它们负责监控产品销售周期的全过程，防范运营风险。

以上，我们为大家详细盘点了目前大多数企业引入 OKR 失败的原因，并分别给出了初创公司、小公司以及大公司的 OKR 导入意见，至此，我撰写这本书的任务便全部完成了。

最后我想说的是，企业作为动态市场的运营主体，在 OKR 的导入中遇到各种问题是常态，但是只要能牢牢把握基本的逻辑，就一定可以有效地推动 OKR 的落地。此外，在 OKR 的落地执行中，企业也一定要注意复盘，及时调整运营中存在的问题。